AF499871
I4 h
1085

GARDE MOBILE DE L'AIN

(40me RÉGIMENT)

SOUVENIRS D'UN OFFICIER DU 4me BATAILLON

SIÉGE DE PARIS

1870-71

GARDE MOBILE DE L'AIN

(40me RÉGIMENT)

SOUVENIRS D'UN OFFICIER

DU 4me BATAILLON

SIÉGE DE PARIS

LYON
IMPRIMERIE JEVAIN ET BOURGEON
RUE MERCIÈRE, 92

1872

DÉDICACE

Au 40me Régiment de la Garde mobile de l'Ain.

C'est à notre régiment que j'offre ces quelques pages sans prétention, destinées à rappeler à chacun de nous les sept mois de dangers, de fatigues et de devoir que nous avons passés sous les armes.

Je demande pardon d'avance aux 2e et 3e bataillons de n'avoir pu fournir sur leur existence particulière un ensemble de détails intéressants, qui eût donné plus de valeur et plus d'homogénéité à mon récit. Mais ayant vécu à peu près constamment avec le 4ᵉ bataillon, je lui ai fait naturellement la part plus large qu'aux deux autres.

Mon seul désir est que ce simple opuscule soit accueilli, par tous mes camarades, comme un hommage d'affectueux souvenir.

AVANT-PROPOS

La loi de 1867 sur la garde mobile semblait depuis longtemps une lettre morte.

Lorsqu'elle fut présentée au Corps législatif, par le maréchal Niel, l'opposition lui fit une guerre acharnée ; et, alors, comme trop souvent en France, les beaux parleurs eurent raison. L'armée active fut réduite, et la garde nationale mobile dont le rôle était de contre-balancer les effets de cette réduction, resta une réserve idéale composée par l'autorité préfectorale et organisée avec des cadres très-imparfaits.

Les grades supérieurs avaient été généralement

accordés à d'anciens officiers de l'armée active, qui consentirent généreusement à offrir leur expérience à cet essai peu populaire.

En était-il de même des officiers subalternes ? Nous ne le pensons pas. Plusieurs virent, dans ces grades, une occasion d'influence sur leur pays; quelques-uns se réjouirent, en secret, de parader au canton à l'heure des réunions militaires; mais tous, supposant notre belle armée invincible, envisageaient la garde mobile comme une institution de fantaisie, une garantie morale contre les projets, trop peu dissimulés, hélas ! de l'ambitieuse Allemagne.

Ces fatales illusions avaient duré trois ans. Elles tombèrent devant les événements de juillet et août 1870. Mais tel était l'aveuglement de ceux qui dirigeaient alors le pays, qu'il fallut les terribles leçons de nos premiers désastres pour appeler à l'activité cette jeune garde mobile, à peine enrégimentée sur le papier.

En face des malheurs de la patrie, les opinions politiques se turent. Il n'y eut plus que deux camps, les vaillants et les faibles, nous ne voudrions pas dire les lâches.

Ils furent nombreux encore, en ce pays de France, ceux qui, à cette heure terrible, vinrent offrir leur vie à la patrie. Le département de l'Ain ne fut pas le dernier dans cette lutte de dévouements aussi modestes qu'admirables. La Bresse, le Bugey, le pays de Gex et les Dombes répondirent à l'appel et donnèrent, à la mobile, un contingent d'engagés volontaires dévoués et intelligents.

L'arrondissement de Beley devait fournir le 1er bataillon, Bourg, le 2e, Nantua et Gex, le 3e, Trévoux, le 4e.

Plusieurs jeunes hommes, mariés, pères de famille, même, vinrent solliciter un engagement auprès de M. Edouard Dortu, ancien chef de bataillon au 75e de ligne, nommé commandant du 4e bataillon.

Le commandant Dortu avait paru, avec honneur, sur les champs de bataille d'Afrique et d'Italie ; mais à la bravoure du soldat, il unissait les connaissances techniques de l'administrateur, bien précieuses toujours, mais surtout à cette heure de désarroi général.

Plus de la moitié des officiers du 4e bataillon de l'Ain étaient engagés volontaires. Ce dévouement, à l'heure du danger, était la condamnation tacite, mais éloquente, de tant d'âmes sans énergie et sans patriotisme, qui cherchaient à se soustraire, par la faveur ou des infirmités imaginaires, à cet appel du devoir.

Mais assez sur ces lâchetés de la première heure ; elles ne furent que trop imitées plus tard, nous n'en dirons plus un mot.

Cet opuscule, au reste, n'est qu'un souvenir intime de notre triste séjour à Paris, pendant le siége. Il n'est point destiné au public.

Dans ces lignes, nous l'avouons d'avance, persone ne se trouvera trop flatté ! Nous avons eu soin d'éviter, d'autre part, une seule parole amère. Mais, si la suite du récit donnait lieu, malgré nous, à une allusion blessante pour quelqu'un, que celui-là se souvienne qu'après, comme pendant le siége, les officiers du 4e bataillon de l'Ain sont restés une réunion d'amis.

GARDE MOBILE DE L'AIN

(40me RÉGIMENT)

SOUVENIRS D'UN OFFICIER

DU 4me BATAILLON

CHAPITRE I.

Séjour à Trévoux.

Un décret avait appelé la garde mobile sous les armes, et le 15 août 1870, les jeunes gens destinés à former le 4e bataillon de l'Ain se réunissaient à Trévoux.

Ils venaient de tous les points de l'arrondissement. La plupart chantaient des refrains patriotiques, quelques-uns, plus tristes, semblaient regretter les joies de la famille et prévoir la longue séparation qui les attendait.

Dès le lendemain, l'appel est fait sur la place de la sous-préfecture. Les contrôles, rédigés à la hâte, donnent lieu à des oublis et à des confusions inévitables ; par suite, quelques hommes s'en retournèrent dans leurs villages, visiblement heureux de n'être pas appelés. Amère illusion ! Quelques jours plus tard, ils devaient revenir au bataillon et aux exercices militaires.

Dès le premier jour, les officiers demandèrent la table commune. La plupart d'entre eux ne se connaissaient que de nom : ils étaient tous de positions et d'opinions très-différentes ; et, cependant, dès le premier jour, ils se sentirent sympathiques. C'est qu'un lien commun les réunissait : l'amour de la patrie. Cependant, il est juste de rendre hommage, dans cette circonstance, à ceux d'entre eux qui, plus élevés dans l'échelle sociale, surent gagner, et pour toujours, l'estime et l'affection de leurs camarades.

Sauf quelques zouaves pontificaux, et plusieurs anciens soldats réengagés, personne, au bataillon, ne connaissait le métier des armes ; mais il y avait un tel fond de bonne volonté chez tous, que l'on pouvait déjà concevoir de bonnes espérances. Le commandant Dortu le comprit, et sut en tirer parti. Sous ses yeux, les cadres furent immédiatement formés et chacun se mit, avec ardeur, à cette besogne si nouvelle pour tous.

Chaque matin, à 5 h. 1/2, les hommes descendaient au champ de manœuvres. Les premiers jours furent d'autant plus pénibles pour les officiers, qu'étant obligés d'exercer chacun un peloton, la plupart en étaient réduits à apprendre chaque jour eux-mêmes ce qu'ils allaient démontrer. Le bon vouloir et l'intelligence des mobiles étaient pour eux la seule compensation aux fatigues et à la monotonie de ces premiers exercices. Après le déjeûner, les officiers plus instruits exerçaient leurs camarades ; une affectueuse gaieté faisait disparaître l'aridité des premières leçons.

Les progrès devinrent plus rapides lorsque le commandant eut organisé, pour les sous-officiers, une école de théorie, qui fournit en effet peu à peu au bataillon des cadres très-suffisants.

Afin d'apporter un tempérament à ces rudes débuts, chaque samedi le commandant permettait à son bataillon d'aller goûter les douceurs de la vie de famille. La joie et la tristesse se partageaient ces courts instants de repos; que de larmes coulaient encore de bien des yeux. Malgré les affirmations et les fanfaronnades des journaux, l'air était plein de tristes pressentiments.

Cependant, les gardes mobiles avaient reçu des fusils à piston; c'était le pas décisif dans la vie militaire. Puis, vint l'uniforme ! Uniforme tout à fait improvisé : mauvaises blouses bleues soutachées de rouge, et musettes en toile pour servir de sacs. Ces costumes bizarres serraient le cœur; aussi, au souvenir de nos brillants régiments français, on se demandait si c'était bien là des soldats de la même nation. L'air martial de tous ces jeunes gens, la gaieté de leurs propos, la vivacité de leurs répliques répondaient oui! Du reste, ils allaient le prouver.

Le dimanche matin 4 septembre, le télégraphe apportait la nouvelle du désastre de Sédan. La France entière fut dans la stupeur en apprenant, d'heure en heure : la reddition de l'armée, la chute de l'empire, l'avénement au pouvoir d'hommes nouveaux, et la proclamation de la République.

La République ! Ce mot si mal compris en France, commençait à travailler les imaginations des moblots. Une propagande dangereuse cherchait à les détourner de la discipline; mais fort heureusement le 6 septembre, le commandant recevait l'ordre de compléter les compagnies à 155 hommes, cadres non compris, et le 8, chacune d'elles était avertie de se tenir prête au départ.

Ces préparatifs se compliquaient par l'éloignement de plusieurs compagnies détachées dans les villages environnants : Reyrieux, Parcieu et Saint-Bernard.

Pendant ce temps-là, les autres bataillons du département se formaient également dans les chefs-lieux respectifs : le 1er, sous le commandement de M. d'Angeville ; le 2e, commandant M. de la Servette ; le 3e, commandant M. du Couëdic.

Quelle devait être la destination de cette petite armée ? Chacun se posait la question sans pouvoir la résoudre : Belfort, Besançon, l'armée de la Loire, Paris, l'Afrique. Les événements devaient seuls justifier l'une ou l'autre de ces affirmations ; mais l'avenir nous était inconnu.

Toutefois, le 8, les détachements ayant rallié, des empêchements matériels pour le transport, obligèrent le bataillon à attendre au lendemain, et chacun passa la nuit comme il put.

CHAPITRE II.

Arrivée et séjour à Paris.

Le vendredi 9 septembre, tout le 4e bataillon était réuni dans la plaine de Chamalan, pour y recevoir les dernières instructions. Il comptait, à cette époque, huit compagnies. La huitième fut désignée pour rester au dépôt, et recueillir les soldats en dehors du contingent de chaque compagnie.

Voici, au moment du départ, quel était le cadre des officiers du 4e bataillon :

Chef de bataillon : M. Edouard Dortu.

Aumônier : M. l'abbé Boulet.

1re comp.	Capitaine : de Saint-Trivier.
Villard.	Lieutenant : Arthur Gros.
Chalamont.	Sous-lieutenant : Bouthier.

2e comp.	Capitaine : Alfred de la Rochette.
Châtillon.	Lieutenant : Roger Granjon.
(Campagne.)	Sous-lieutenant : Antoine Richard.

3e comp. Châtillon. (Ville.)	Capitaine : Edmond Bernard. Lieutenant : Albert de Surigny. Sous-lieut. : De Lacroix Laval.
4e comp. Meximieux.	Capitaine : Ernest de la Chapelle. Lieutenant : Adrien de Béost. Sous-lieutenant : Antonin Cortot.
5e comp. Montluel.	Capitaine : Henri Bouchet. Lieutenant : Jean Tanton. Sous-lieutenant : Joseph Cozon.
6e comp. St.-Trivier.	Capitaine : Gaston de Bonrepos. Lieutenant : Alphonse de Surigny. Sous-lieut. : Anthelme des Garets.
7e comp. Thoissey.	Capitaine : Louis Saint-Didier. Lieutenant : Michel des Garets. Sous-lieutenant : Armand Carré.
8e comp. Dépôt. Trévoux.	Capitaine : Pierrot, Lieutenant : Raffin. Sous-lieutenant : Franç. Treyve.

Adjudant sous-officier : Georges Morel.

Aide-major : Paccoud.

A 11 heures, tout le bataillon .se met en marche, sauf le dépôt. Il longe la rivière de la Saône et arrive à une heure à Saint-Germain-au-Mont-d'Or. Paris, disait-on, devait être le but de cette première expédition.

En nous éloignant, nous apercevions sur le quai de Trévoux la population de cette petite ville et des environs nous envoyer des souhaits sympathiques. Nous aurions voulu encore une fois dire un dernier adieu à la famille: mais il fallut refouler son émotion et attendre l'heure du départ.

A 3 heures, elle devait sonner. Un train spécial vint nous prendre et nous emporter jusqu'à Paris.

Le voyage se fit assez gaiement, malgré les émotions bien naturelles à une pareille heure. A chaque gare, les habitants saluaient notre passage par des démonstrations sympathiques. A Tournus, notamment, des femmes accoururent avec des fruits et du vin dont les moblots se firent un régal.

Après une nuit sans sommeil, nous arrivons enfin aux environs de Paris. Déjà, les gares servaient d'abri à des troupes de tous corps, chargées de protéger la ligne contre les Prussiens, massés, disait-on, dans les environs. Pour nous, nous n'avions à leur opposer que de mauvais fusils à piston et pas une seule cartouche. Enfin, vers 11 heures du matin, nous entrions à Paris par la gare de Lyon, le 10 septembre. Les 2e et 3e bataillons nous y avaient précédés.

Le bataillon débarqua avec le plus d'ordre possible; chaque compagnie se rangea en bataille au bas de la gare, et là, nous attendimes nos billets de logement. Ces billets nous envoient au quartier Bonne-Nouvelle : rues d'Hauteville, de l'Échiquier, des Petites-Écuries, boulevard de Strasbourg, rue Mazagran, et la place du Gymnase pour quartier général.

Pour la plupart des moblots, Paris était un nom magique; aussi ouvraient-ils de grands yeux en traversant ces interminables boulevards, acclamés par les curieux. Hélas! quel pitoyable accoutrement que celui des futurs défenseurs de la capitale. Les officiers et sous-officiers étaient tant bien que mal en uniforme de mobiles; quant aux soldats, leurs épaules étaient couvertes de blouses bleues, leurs jambes prises dans des pantalons fantaisistes, sur la tête, un képi difforme à la visière en carton, une musette et une cartouchière vide en toile.

Les Parisiens très-satisfaits, à cette heure, de voir arriver de solides gaillards pour les défendre, nous firent généralement bon accueil, et l'entrée des mobiles du département de l'Ain, à Paris, leur valut un article du *Gaulois*, plein d'éloges pour leur vaillante stature et leur bonne tenue.

Après quelques instants d'arrêt devant le théâtre du Gymnase, la place du Château-d'Eau nous fut désignée comme champ de manœuvres; chacun courut à son logement. La plupart des simples gardes eut la chance de loger dans de splendides hôtels, et plusieurs officiers dans des taudis infects.

Paris, à ce moment, avait encore une certaine animation; l'élément élégant cependant avait disparu; mais cette grande cité, on le sentait, ne paraissait pas se douter du triste hiver qui se préparait pour elle.

Deux jours après notre arrivée, nous eûmes à fournir un piquet de quatre ou cinq cents hommes aux remparts de l'Est, avec gardes aux portes et à l'avancée des portes Saint-Gervais et d'Aubervillers.

Dès le lendemain, le bataillon devait fournir, chaque jour, un détachement important qui se rendait à Ménilmontant pour vingt-quatre heures.

On y distribuait les gardes suivant les ordres du secteur.

Comme le régiment n'était pas encore formé, chaque bataillon était indépendant. Le 2e était logé dans le quartier de la Bourse, et le 3e sur le boulevard du Temple.

Ces premiers jours furent employés à l'armement et à l'équipement des troupes. Le 14, nous échangions, à l'École militaire, nos vieux fusils contre d'excellents chassepots destinés à l'ex-garde impériale.

Le 13 septembre à midi, grande revue aux Champs-Élysées, passée par le général Trochu et son état-major. Les troupes étaient échelonnées de la place de la Concorde à l'arc de triomphe de l'Étoile.

Pendant ce temps, les Prussiens avançaient de toutes parts et massaient peu à peu leurs troupes autour de la capitale. Nous venions de recevoir les dernières lettres de la province; l'investissement était complet.

De l'aveu de tous, Paris était dans l'impossibilité de se défendre. Si les Prussiens avaient voulu tenter une attaque de vive force, ils seraient entrés sans grande difficulté. En fait de troupes régulières, nous avions le corps de Vinoy et quelques débris de Sedan; encore ces malheureux échappés étaient-ils revenus dans un état pitoyable et complètement découragés. La garde mobile n'était encore qu'à demi-armée et exercée; quant à la garde nationale sédentaire, il ne fallait compter sur elle que pour assiéger les cantines, faire de bruyantes démonstrations à la Bastille et à la statue de Strasbourg, et revenir des remparts couverte de fleurs. Il est bien entendu, que nous savons excepter les quelques et excellents bataillons qui à Paris, à Montretout, et plus tard encore, surent faire vaillamment leur devoir.

Enfin les forts, base essentielle de la défense, n'étaient pas armés, ou bien n'avaient à leur service que de vieilles pièces d'ancien système.

Cependant, ces quelques semaines qui suivirent nos premiers désastres, furent assez utilement employées pour la défense de Paris. Les marins et quelques bataillons de l'infanterie de marine avaient quitté les ports; des pièces de gros calibre furent placées dans les forts, et le service leur en fut confié. Quant à l'approvisionnement, on peut dire que la France entière avait envoyé ses produits à Paris et avec abondance. Des travaux de défense furent immédiatement ouverts ; les forts, après quelques jours, suffisamment armés; des redoutes construites aux points faibles ; l'activité était générale.

A dater du 17 septembre, la ceinture de fer est formée ; le dernier train de Lyon nous amène un homme de grand nom et de grand cœur qui s'engage, en qualité de volontaire, dans notre 4e bataillon. Ce jeune homme resta, et comme simple garde, jusqu'à la fin du siége avec nous ; ce fut un excellent camarade et un homme de devoir dans toute l'acception du mot.

Nos gardes à Ménilmontant n'offraient aucun danger, du moment que l'ennemi ne tentait pas une attaque de vive force, et que nous avions devant nous les forts et les avant-postes. Cependant, chaque jour, on venait nous signaler des maisons où l'on croyait remarquer des signaux faits à l'ennemi. Dans notre ignorance de tous renseignements, et jaloux de faire notre service, nous allions bravement au fait, et plus d'une fois nous ne trouvâmes d'autre vestige de trahison que la lampe d'une pauvre mère de famille, travaillant toute la nuit, pendant que son mari se couronnait de fleurs aux remparts.

Le 10 septembre, le gouvernement décrète l'élection des officiers de la mobile par leurs soldats. C'était un compromis dangereux de l'élément militaire avec l'élément civil placé à la tête des affaires. Enfin, malgré le péril moral de cette épreuve, notre bataillon se distingua par son bon sens. Tous les officiers furent élus à l'exception du lieutenant de la 2e compagnie, remplacé par un sergent qui ne put tenir longtemps, et du sous-lieutenant de la 3e compagnie, remplacé par un sergent de nos amis, très-estimé et très-connu des gardes de sa compagnie. Mais ce sous-lieutenant accepta bravement sa défaite ; il fut une exception parmi ces trop nombreux officiers évincés et inutiles qui passèrent leur temps à ne rien faire, ou à se promener dans les rues de Paris, pendant que leurs camarades étaient aux avant-postes. Il prit donc, dès le lendemain, le sac et le fusil de simple garde, et se mit dans les rangs de la 1re compagnie commandée par son beau-frère.

Cette noble conduite obtint sa récompense ; un mois plus tard, il y avait une vacance dans son ancienne compagnie, et l'élection l'y nommait lieutenant au lieu de sous-lieutenant, grade qu'elle lui avait enlevé.

Notre commandant Dortu fut promu au grade de lieutenant-colonel. L'élection fut unanime pour confirmer cette nomination. Les officiers du

4e bataillon nommèrent à l'unanimité aussi, chef de bataillon, M. Ernest de la Chapelle, capitaine de la 4e compagnie.

L'adjudant sous-officier Morel est nommé sous-lieutenant à cette compagnie.

Dans les deux autres bataillons, quelques changements fâcheux devaient, plus tard, rendre l'accord plus difficile. Les deux commandants, MM. de la Servette et du Couëdic furent maintenus. Dès cette époque, les trois bataillons furent enrégimentés sous la désignation de 40e régiment provisoire de la garde nationale mobile.

Pendant nos excursions plus émouvantes que périlleuses à Ménilmontant, s'exécutaient des engagements assez sérieux du côté de Châtillon et de Clamart, au sud de Paris. Des hauteurs où nous étions postés, nous pûmes suivre l'ensemble de l'affaire du 21 septembre. On prétendit que, ce jour-là, la ligne et les zouaves ne firent pas leur devoir, tandis que les bataillons de mobiles engagés se conduisirent très-bien. Quelle que soit la vérité de ces assertions, il faut constater qu'à cette heure les moblots devinrent en faveur ; les Parisiens les accablèrent d'acclamations et de marques d'estime. Hâtons-nous d'ajouter que cet enthousiasme ne dura pas.

CHAPITRE III.

Avenue Saint-Mandé.

Le 25 septembre, nous recevons l'ordre d'aller nous établir à Saint-Mandé.

Logés, jusqu'alors, chez l'habitant, nous n'avions pas encore été, pour ainsi dire, livrés à nous-mêmes. L'heure était venue, du moins nous le pensions, de la vraie vie de campagne, et voici que, chargés de nos tentes, gamelles et bidons neufs, couvertures en sautoir, nous partons pour le quartier de la place du Trône. Les Parisiens, comme au jour de notre arrivée, se pressaient sur notre passage, et nous prodiguaient les encouragements les plus tendres.

Nous fûmes cantonnés avenue de Bel-Air, dans des baraques en planches, garnies de toile, abri tout à fait insuffisant contre l'air et la pluie. Les officiers reçurent des billets de logement pour des maisons très-éloignées ; aussi, plusieurs se décidèrent à coucher dans les baraques avec les compagnies. En même temps, le 2e bataillon était cantonné à la Chapelle, et le 3e, boulevard du Prince Impérial.

A dater de cette époque, les troupes reçoivent les vivres de campagne avec 30 centimes de solde au lieu de 1 fr. 50 qu'elles avaient touché jusque-là. La ration de pain était d'un kilog; elle était trop abondante. Le gouvernement en maintenant trop longtemps cette proportion manqua de prévoyance; mais qui donc alors pouvait croire Paris capable de tenir cinq mois.

A Saint-Mandé, se manifestèrent les premiers symptômes de cette terrible petite vérole dont la ville était alors infestée.

Cependant, grâce aux exercices réguliers et bien suivis, le bataillon faisait de sensibles progrès. Par ordre supérieur, la garde de Paris nous envoyait deux instructeurs pleins de bonne volonté, mais dont les succès furent médiocres. Au bataillon, le travail, le bon vouloir, la confiance dans les chefs et l'intelligence des moblots faisaient plus que les manœuvres ; travail et confiance appuyés, du reste, sur les précieux enseignements de notre lieutenant-colonel.

Les derniers jours de notre séjour à Saint-Mandé, nous eûmes la douleur de conduire à l'ambulance deux de nos camarades atteints de la petite vérole : c'étaient le capitaine et le lieutenant de la 6e compagnie. Au retour d'une de ces nombreuses visites qu'ils faisaient régulièrement aux varioleux de leur compagnie, ils avaient été atteints par le fléau.

Ferdinand Gaty est nommé sous-lieutenant à la 2e compagnie.

CHAPITRE IV.

Gentilly.

Le dimanche 9 octobre, à 11 heures 1/2 du matin, les 3e et 4e bataillons quittent leurs cantonnements. La colonne se met en marche, traverse la Seine en face du Jardin des Plantes, suit le boulevard de l'Hôpital et sort de Paris par la porte d'Italie.

La 4e compagnie du 4e bataillon, de garde au bastion n° 5, aurait dû être relevée à 8 heures du matin. A 9 heures, elle ne reçoit que l'ordre de rejoindre le bataillon ; quelques instants après, visite du général Faron qui ordonne de ne pas quitter le bastion avant qu'il n'ait fait relever. Une heure plus tard, nouvel ordre de rejoindre le bataillon, et deuxième ordre du général de rester au poste. Enfin, à 2 heures, un détachement de la Vendée vient délivrer cette malheureuse compagnie que l'obéissance avait obligée au jeûne depuis la veille au soir.

Cependant, les bataillons s'étaient éloignés de Paris par une pluie battante et installés à Gentilly, gros village situé au sud de la ville, sur les bords de la Bièvre.

Le pays était déjà dévasté, soit par les troupes qui nous avaient précédés, soit par les nécessités de la défense; il était, de plus, abandonné de ses habitants. Force nous fut de nous loger dans les maisons vides.

Dès le même jour, s'ouvrit le service pénible des grand'gardes et des tranchées. Nos avant-postes étaient placés sur les hauteurs de Cachan, depuis l'acqueduc d'Arcueil jusqu'aux pieds de la redoute des Hautes-Bruyères. Cette redoute commençait alors à sortir de terre; elle devait être plus tard une des plus importantes positions de la défense. En face d'elle, dans la vallée : Bourg-la-Reine, Fontenay et l'Hay. Nos tranchées étaient creusées presqu'à mi-côteau dans des vignes dont le terrain argileux nous forçait souvent à monter la garde avec de la boue jusqu'à mi-jambe.

Pendant les premières nuits de notre séjour à Gentilly, nous eûmes de fréquentes alertes et deux fois, entre autres, des appels aux armes. Alors, le bataillon se réunissait sur la petite place, en ordre et en silence, pendant que l'appareil électrique des remparts fouillait les environs et répandait ses lueurs verdâtres sur la vallée de la Bièvre. On entendait alors très-distinctement le crépitement d'une fusillade insensée dans la direction de Cachan ; en même temps, les forts de Bicêtre et de Montrouge tonnaient, illuminant de leurs éclairs répétés l'obscurité de la nuit. Les compagnies, qui devaient marcher à leur tour, se défilaient alors par la vallée et la route d'Arcueil, prêtes à servir de premier soutien aux grand'gardes. Le reste du bataillon attendait les ordres, l'arme au pied, puis, la fusillade diminuait d'intensité et allait se taisant peu à peu.

Presque chaque jour, nous allions au travail très-pénible et très-périlleux des tranchées. Qui de nous ne se souvient de la fameuse tranchée Tripier se prolongeant le long du coteau de Cachan à l'Hay, pour mener jusqu'à 300 mètres des ouvrages ennemis. De là, on voyait très-distinctement les Prussiens relever leurs avant-postes, toujours au pas de course et avec une précision mathématique. La nuit, ils abandonnaient généralement les positions trop avancées, et plusieurs fois, nos braves marins se glissèrent, à la faveur de l'obscurité, dans leurs tranchées sans y trouver personne.

On nous envoyait également travailler en avant de Villejuif, et à cause des pluies fréquentes de la fin de l'automne, ces corvées devenaient très-pénibles. La théorie ou l'exercice sous le fort de Bicêtre se partageaient les journées des compagnies qui n'étaient pas de service; aussi en étions-nous arrivés, peu à peu, à exécuter très-convenablement les mouvements assez compliqués de l'école de bataillon.

Pendant ce temps, les forts de Bicêtre et de Montrouge canonnaient régulièrement les villages de Chevilly, de l'Hay, Bourg-la-Reine, Bagneux et Châtillon.

Le 13 octobre, les deux bataillons sont conduits sur les hauteurs de l'acqueduc d'Arcueil; de nombreuses troupes défilent, une batterie prend position à nos pieds, des cordons de troupes s'étendent devant Bagneux.

Il était facile de comprendre qu'une action sérieuse allait s'engager. Les mobiles de l'Aube, nos voisins à St-Mandé, vont prendre position en avant, entre Montrouge et Cachan ; des batteries sont établies et couvrent ces deux villages.

Les réserves se composent d'environ dix mille hommes et sont échelonnées principalement sur la grande route et les hauteurs d'Arcueil. La configuration du sol, formait sous nos yeux comme un vaste cirque dominé par Châtillon, l'Hay, les Hautes-Bruyères et Arcueil.

Le combat s'engage à 9 heures du matin du côté de Bagneux et dans la plaine qui s'étend de Cachan à Bourg-la-Reine. Les premiers engagements sont assez faibles, et malgré les nombreux obus de Bicêtre et de Montrouge qui fouillent les positions ennemies, les Prussiens ripostent mollement et se tiennent sur la défensive. Mais vers 10 heures, nous voyons déboucher des colonnes ennemies qui viennent, en partie, de la Croix de Bernis, au secours des premières attaquées. En même temps, ils établissent des batteries sur les hauteurs de Bourg-la-Reine et de Fontenay; elles ripostent vigoureusement aux nôtres; leurs projectiles arrivent jusque dans nos tranchées et à l'acqueduc d'Arcueil; l'engagement s'étend sur toute la ligne.

Nous suivons avec anxiété toutes les péripéties du combat, et attendons l'ordre de marcher en avant. L'action suit diverses phases : tantôt elle s'engage plus sérieusement à nos pieds, dans la plaine ; tantôt elle devient plus intense dans la direction de Bagneux, où les mobiles de l'Aube se comportent très-vaillamment. Un de leurs commandants, le comte de Dampierre, connu de quelques-uns de nous, tombe glorieusement à la tête de son bataillon en voulant enlever une barricade. Le village de Bagneux est pris et repris plusieurs fois, puis enfin abandonné, et, malgré les efforts énergiques des troupes engagées, le combat qui a duré de 9 heures du matin à 6 heures du soir, se termine sans aucun avantage de part et d'autre.

D'après un compte-rendu postérieur à la campagne, il paraît que dans cette journée du 13 octobre, les Français eurent à lutter contre le 2e corps bavarois, qui perdit dans cette affaire trois cent quatre-vingt-huit hommes, dont dix officiers. De notre côté aussi, les victimes furent nombreuses. Plusieurs d'entre nous peuvent encore se souvenir du choc terrible que produisit un projectile ennemi tombant sur un caisson d'artillerie chargé de munitions pour la batterie établie en avant de

Montrouge; servants et chevaux volèrent en éclats et furent mis en lambeaux. Rochefort qui, dit-on, suivait l'action du fort de Montrouge, pâlit étrangement à la vue de cet horrible spectacle et faillit s'évanouir.

Au soir de cette journée, le Mont-Valérien mettait le feu au château de Saint-Cloud. Pendant que nous contemplions ce vaste incendie, un général, peu versé sans doute dans la science géographique, vint nous interroger sur les noms des villages placés sous nos yeux. Pour compléter son instruction, nous dûmes lui apprendre encore le nom de la petite rivière, assez connue pourtant, qui coulait à nos pieds, la Bièvre. Ce bon général avait vieilli sans doute dans les cadres de réserve; il ne peut avoir que cette excuse.

Le 14, nous apprenons avec douleur la mort de notre cher camarade Alphonse de Surigny, lieutenant de la 6e compagnie. Ce douloureux événement jeta la consternation dans le bataillon et surtout parmi les officiers. Chacun d'eux, en effet, avait pu apprécier les excellentes qualités du soldat et les charmes de l'homme bien élevé dans ce brave compagnon d'armes. Aussi le 16, tous ceux que le service ne retenait pas, se rendirent-ils au convoi funèbre qui partit de l'église

Saint-Éloi pour le cimetière de Bercy. Après cette triste cérémonie nous revînmes à Gentilly. A la messe qui fut célébrée dans l'église de cette paroisse, notre bon aumônier prononça une touchante allocution qui doubla nos regrets de la perte que nous venions d'éprouver.

CHAPITRE V.

Le Kremlin. — Bicêtre.

Le 19 octobre, nous recevions l'ordre d'aller nous établir au Kremlin, hameau dépendant de Gentilly qu'il domine, et qui touche au grand hospice de Bicêtre. Les 3e et 4e compagnies sont envoyées à 6 heures du soir pour prendre possession du cantonnement. Partout les maisons sont abandonnées et surtout consciencieusement fermées ; l'hospice met à notre disposition un serrurier pour nous ouvrir les portes. Le lendemain, tout le 4e bataillon venait s'établir au Kremlin. Le même jour, le 2e s'installait à Cachan.

A dater de cette époque, la petite vérole sévit avec plus de rigueur que jamais dans nos compagnies ; c'est par dizaine que chaque jour nous transportons nos malades à l'hospice qui regorge déjà de varioleux, et chaque jour aussi la mort éclaircit nos rangs.

Nous voyons heureusement rentrer au milieu de nous le capitaine de la 6e compagnie à demi-rétabli, et néanmoins tout impatient de reprendre le commandement de ses hommes.

Le lieutenant de la 1re compagnie est nommé adjudant-major, et Claudius Charbonnet, sous-lieutenant à la même compagnie.

Sur ces entrefaites, notre équipement se complète : capotes, sacs en cuir, gamelles arrivent aux moblots comme une bénédiction, car le temps est mauvais, et les sacs surtout rendent de grands services aux heures de déménagement.

Le 21 octobre, les 3e et 4e bataillons partent avec armes et munitions pour rester toute l'après-midi à attendre des ordres à la Croix-d'Arcueil. Les aumôniers, les chirurgiens et les voitures d'ambulance nous accompagnaient. Nous revenons à la nuit tombante sans avoir bougé. Que s'était-il donc passé pour motiver un mouvement de troupes extraordinaire ? Une sortie considérable avait été ordonnée sur la presqu'île de Nanterre; elle devait se diriger contre la Malmaison, la Jonchère et Bougival; nous étions destinés, paraît-il, à faire une diversion dans le cas où elle fut devenue plus générale, et à répondre à l'ennemi, si lui-même eut essayé une diversion.

Le 29, les troupes françaises prennent le Bourget, position importante et difficile; mais le lendemain il fallait l'évacuer. Du reste, après plusieurs combats très-meurtriers, ce point devint intenable pour les deux armées.

Cependant notre éducation militaire se complétait peu à peu. Des carrières très-propices pour l'exercice du tir s'étendaient dans la vallée; les moblots, braconniers pour la plupart, s'y distinguèrent par leur adresse. Le travail des tranchées, et l'audace inutile de quelques moblots, aux corvées de légumes, occasionnèrent quelques blessures, dont plusieurs amenèrent la mort.

Le soir du 31 octobre, nous entendîmes, du Kremlin, un vacarme affreux du côté de Paris; des clameurs presque sauvages, le rappel dans toutes les directions. Nous apprenons que la Commune est proclamée et installée au lieu et place du gouvernement de Trochu. Ce n'était point assez de la capitulation de Metz, notre grand espoir et notre grande douleur à tous, il fallait encore l'émeute sous les yeux de l'ennemi. Aussitôt le colonel et le commandant du 4e bataillon vont spontanément offrir au général de Maud'huy, dans la division duquel nous étions, le bataillon pour lutter contre l'émeute. Le lendemain, on nous fait pressentir une promenade militaire dans Paris. Les officiers accueillent cette nouvelle avec enthousiasme; mais l'émeute bientôt est réprimée et l'ordre rétabli.

Le 1er novembre, on parle d'armistice. A cette nouvelle, ceux qui avaient encore le cœur plein d'espoir pour nos armes bondissent d'indignation; mais la plupart des soldats entrevoient, par cette solution, le retour au pays; aussi l'appellent-ils de leurs vœux; la discipline s'en ressent, et pendant quelques jours ils se relâchent de leurs devoirs.

Le 2, nous recevons l'ordre de nous tenir prêts à partir; on parle de nous envoyer au Moulin Saquet, position détestable, dans l'eau et la boue; heureusement un contre-ordre vient nous rassurer, et nous restons au Kremlin.

Une grande sortie devait avoir lieu, disait-on alors; l'élite de l'armée devait y prendre part; ce serait une digne réponse aux bruits d'armistice. Les journaux en jasaient sur tous les tons, et nous espérions faire partie de cette grande expédition. Aussi chacun s'empresse-t-il de se débarrasser des vêtements superflus, les envoie à Paris afin d'être plus libre à l'heure de la lutte. Cette rumeur devient l'idée fixe du moment.

La nouvelle division de l'armée en trois grands corps, semblait, du reste, lui donner de la vraisemblance. Nous sommes classés dans la brigade Valentin, division de Maud'huy. Mais bientôt le général Vinoy soulève des difficultés qui détruisent cette nouvelle organisation.

On nous fait entrevoir aussi qu'avant peu nous serons appelés à attaquer l'Hay et Chevilly. Cette éventualité était très-probable, et la preuve c'est que quelques jours après notre départ du Kremlin, ces villages furent vigoureusement attaqués par les troupes qui nous avaient succédé.

Presque chaque jour nous apercevions s'élever dans l'air, sur les hauteurs de Montmartre, les immenses ballons qui emportaient nos lettres vers la province. Nos vœux les accompagnaient, tandis que nos yeux les suivaient jusqu'à perte de vue.

CHAPITRE VI.

Gentilly.

Le 20 novembre, nous recevons l'ordre de quitter le Kremlin pour redescendre à Gentilly. Ce déplacement nous paraît, encore aujourd'hui, assez inexplicable.

En même temps, le 2e bataillon qui avait fait un service très-pénible à Cachan, rentre à Paris pour aller s'établir très-confortablement à la caserne Napoléon.

Le 3e quitte aussi Gentilly et va prendre possession de la caserne de la rue de Penthièvre. Quant à nous, nous attendions avec une impatience fébrile le signal du départ.

Enfin, le 22, nous recevons, à notre tour, l'ordre de rentrer dans Paris. Cet ordre nous comble de joie; car, dans ce voisinage d'un mois, auprès de Bicêtre, les hommes étaient décimés par la petite vérole.

CHAPITRE VII.

Les Batignolles.

Nous défilons avec armes et bagages par la porte d'Italie, le boulevard de l'Hôpital, pour traverser toute la ville et arriver, par une pluie battante, sur le boulevard des Batignolles. Pour abri, on nous offre d'affreuses baraques très-humides. Les officiers reçoivent des billets de logement, mais pour des distances telles, que presque tous préfèrent se loger à leurs frais pour être plus rapprochés des compagnies. Il pleut presque constamment, et l'eau suinte de toutes parts dans les baraques.

Cependant, la caserne de la Pépinière, où nous allions faire l'exercice, était entièrement vide ; nos chefs supérieurs la sollicitent comme un abri pour les hommes que la maladie décime de plus en plus. Le 26, la 4e compagnie, l'une des plus éprouvées, envoie une corvée pour approprier les chambrées. Dès le lendemain, tout le bataillon devait descendre s'y installer ; mais cet espoir de confortable est bientôt renversé par un ordre de départ pour le lendemain même.

CHAPITRE VIII.

Clichy-la-Garenne.

Le 27, à 10 heures du matin, nous quittons les Batignolles par une boue affreuse, et nous arrivons à Clichy-la Garenne, à quelques centaines de mètres des remparts , et au nord de Paris.

Là, on nous indique des terrains vagues qui s'étendent du village au fossé d'enceinte afin d'y dresser nos tentes, pour la première fois. Heureusement, après quelques heures de campement, et avant la nuit, qui s'annonçait comme devant être très-pluvieuse, on lève le camp, et nous sommes tous logés dans les maisons.

Nos trois bataillons sont enfin réunis, et forment le 40ᵉ régiment provisoire. Celui de la Vienne 36ᵉ compose, avec le notre, une brigade, sous les ordres de M. d'André, capitaine de frégate.

Le lendemain, tous les officiers lui sont présentés.

Voici quels étaient, à cette époque, les cadres d'officiers du régiment.

Lieutenant-colonel : M. Ed. Dortu.

2e BATAILLON.

Commandant : Abel de la Servette.

Capitaine adjudant-major : Amard.

Officier payeur : Gonin, sous-lieutenant.

Aumônier : l'abbé Béroud.

1re comp. { Capitaine : Weyer.
Lieutenant : Minangoin.
Sous-Lieutenant : De la Chapelle.

2e comp. { Capitaine : Couder.
Lieutenant : Chochod.
Sous-lieutenant : Chambaud.

3e comp. { Capitaine : Albanel.
Lieutenant : Join.
Sous-lieutenant : Vieux.

4e comp. { Capitaine : De Lavernay.
Lieutenant : De Laboulaye.
Sous-lieutenant : Vuy.

5e comp. { Capitaine : Perruchet.
Lieutenant : Marme.
Sous-lieutenant : Brunel.

6e comp. { Capitaine : Mermet.
Lieutenant : Guillon.
Sous-lieutenant : Herbet.

7e comp. { Capitaine : De Fréminville.
Lieutenant : De la Teissonnière.
Sous-lieutenant : Evoan.

Aide-major : Hudley.

Adjudant sous-officier : Morel.

3e BATAILLON.

Commandant : Du Couëdic de Kergoualec.

Lieutenant adjudant-major : Druard.

Officier payeur : Convers, sous-lieutenant.

Aumônier : l'abbé Munet.

1re comp. { Capitaine : Crozier.
Lieutenant : Barbe.
Sous-lieutenant : Michaud.

2e comp. — Capitaine : Roccofort.
Lieutenant : Durafour.
Sous-lieutenant : Convers.

3e comp. — Capitaine : Beau.
Lieutenant : Fournier.
Sous-lieutenant : Cœur.

4e comp. — Capitaine : Harent.
Lieutenant : Vidard.
Sous-lieutenant : Dumont.

5e comp. — Capitaine : Girod.
Lieutenant : Têtafort.
Sous-lieutenant : Vidard.

6e comp. — Capitaine : Beau.
Lieutenant : Glemarec.
Sous-lieutenant : Coutier.

7e comp. — Capitaine : De Lavilléon.
Lieutenant : Ducret.
Sous-lieutenant : Joyard.

Aide-major : Chevelu.

Adjudant sous-officier : Géraudy.

4e BATAILLON.

Commandant : Ernest de la Chapelle.

Lieutenant adjudant-major : Arthur Gros.

Officier payeur : Albert de Surigny, lieutenant.

Aumônier : l'abbé Boulet.

1re comp.	Capitaine : De St-Trivier. Lieutenant : Bouthier. Sous-lieutenant : C. Charbonnet.
2e comp.	Capitaine : De la Rochette. Lieutenant : A. Richard. Sous-lieutenant : F. Gaty.
3e comp.	Capitaine : Ed. Bernard. Lieutenant : de Lacroix Laval. Sous-lieutenant : P. Munet.
4e comp.	Capitaine : A. de Béost. Lieutenant : A. Cortot. Sous-lieutenant : G. Morel.
5e comp.	Capitaine : Bouchet. Lieutenant : J. Tanton. Sous-lieutenant : J. Cozon.

6ᵉ comp. { Capitaine : G. de Bonrepos.
Lieutenant : A. Des Garets.
Sous-lieutenant : J. Clayette.

7ᵉ comp. { Capitaine : L. Saint-Didier.
Lieutenant : M. des Garets.
Sous-lieutenant : A. Carré.

Aide-major : Paccoud.

Adjudant sous-officier : Boulade.

Une fois entassés dans les maisons, chacun se mit en devoir de chercher le combustible nécessaire, car le bois se faisait rare. Il fallut marauder de ci de là, du charbon, des palissades, et même des branches vertes. Nous installons notre popotte dans un mauvais café, et nous commençons à nous apercevoir que nous sommes arrivés aux derniers jours d'une nourriture passable.

Clichy fut, sans contredit, notre plus mauvais cantonnement; non pas que les gardes y fussent très-pénibles; mais les alertes devinrent si fréquentes que nous arrivâmes, en peu de jours, à être tous sur les dents. O interminable avenue de la Grande Armée, que de fois nous avons pesté en te parcourant !

Le 28 novembre, grande promenade militaire; tout le régiment, sac au dos, passe le pont de Neuilly et va, sous le Mont-Valérien, au rond-point des Bergères ; c'est-à-dire un petit trajet de 16 kilomètres, aller et retour.

Le 29, à minuit, appel aux armes; la lumière électrique de Montmartre promène ses rayons sur la presqu'île de Gennevillers, et l'on nous dit que les Prussiens tentent de passer la Seine; il faut boucler les sacs et partir dans la nuit. Bientôt, la brigade se met en marche, sac au dos, traverse Courbevoie et arrive au rond-point des Bergères. Notre régiment s'établit sous le Mont-Valérien, forme les faisceaux et attend des ordres.

Tout à coup, le fort ouvre une vive canonnade, mais l'ennemi ne répond pas. Pendant ce temps, nous essayons de déjeûner, mais le problème était assez difficile à résoudre, car nous n'avions pas de vivres ; enfin, nous rentrons affamés dans l'après-midi, sans avoir rien fait.

On se couche de bonne heure ; mais à 11 heures, nouvelle alerte ; le régiment s'en va jusqu'au pont de Neuilly, puis rentre à 2 heures du matin, avec ordre de se tenir prêt à repartir à 5 heures. Le 30 donc, et pour la troisième fois en vingt-quatre heures, la brigade se met en marche, avant le jour, et arrive au rond-point des Bergères ; là elle reçoit l'ordre de se porter sur la droite de Nanterre. Notre régiment se range en bataille derrière la voie du chemin de fer de St-Germain. Le 3e bataillon à gauche appuyé au 4e à sa droite ; le 2e est en réserve à 500 mètres en arrière, dans un pli de terrain. Nous avons, en face de nous, les positions ennemies suivantes : Carrières St-Denis, Houilles, Bezons et Colombes. Quelques obus lancés adroitement par une batterie établie à notre droite déloge un avant-poste ennemi. Une canonnade terrible se fait entendre tout autour de Paris ; mais elle devient très-intense surtout à l'Est. Ce sont les échos de la bataille de Champigny.

Notre démonstration n'a d'autre résultat que de nous faire revenir à 4 heures de l'après-midi, éreintés jusqu'au dernier. En arrivant à Clichy, voici les nouvelles qui circulent : l'armée de Ducrot a passé la Marne à Joinville, elle a remporté un grand succès et poursuit en avant sa marche victorieuse ; dans quelques heures, nous devons être appelés pour appuyer la grande sortie. Hélas ! c'était plutôt la retraite que nous allions soutenir.

CHAPITRE IX.

Joinville. — Saint-Maur.

Le 2 décembre, au moment où nous commencions à prendre, au repas du soir, un repos bien nécessaire après tant d'alertes successives, arrive l'ordre très-pressant de mettre sac au dos. A 8 heures, toute la brigade s'ébranle, ne laissant au campement que ses fourgons et ses malades, elle s'en va, vers la porte Maillot pour prendre le chemin de fer de ceinture. Les dernières compagnies s'embarquèrent vers minuit.

Chacun paraissait joyeux de quitter cet affreux Clichy où nous avions fait inutilement de si pénibles étapes ; et puis la plupart espéraient encore faire partie de la grande sortie, si longtemps mûrie et annoncée. A chaque convoi, on entendait chanter les moblots perchés en grand nombre sur des wagons découverts, et par un froid très-vif. Vers minuit, le régiment presque entier est arrivé à Joinville-le-Pont. La neige tombe, l'obscurité est complète, le pays à peu près désert. On forme les faisceaux dans les rues, puis on allume des feux de distance en distance pour ne pas geler sur place.

A 6 heures du matin, nos feux de bivouac sont éteints, on rompt les faisceaux et nous prenons la direction de Saint-Maur. Le 2e bataillon en avant, avait fourni des grand'gardes pendant la nuit. Hélas, notre brigade destinée, comme soutien, à l'armée de Ducrot, arrivait juste pour assister à la retraite de cette vaillante armée, après trois jours d'une lutte qui avait rempli tous les cœurs d'espérance.

Le 3, au matin donc, nous entendions assez près de nous la canonnade et la fusillade; c'était le 35e de ligne qui soutenait une lutte presqu'à bout portant avec les Prussiens. Nous nous croisons avec des voitures d'ambulance, des cacolets, de sinistres civières, chargés de cadavres mutilés et sanglants. On nous fait défiler derrière la levée du chemin de fer de Saint-Maur; nous pensions aller soutenir les compagnons de ces braves blessés, mais arrivés à un point où cette ligne est profondément encaissée, nous formons les faisceaux et attendons des ordres.

Peu à peu tout rentre dans le calme dans la direction de Champigny; nous nous logeons alors dans des villas éparses du bois de Saint-Maur; il était midi et demi, et nos fourgons n'étaient pas venus de Clichy. Les officiers commençaient à se regarder, le sourire aux lèvres, mais l'estomac complètement à jeun; ils se partagent quelques morceaux de chocolat. Heureusement la Providence vient à leur secours; ils achètent, à prix d'or, trois petits pains; plus loin, le colonel des mobiles de l'Hérault leur fait gracieusement passer quelques bouteilles d'un vin excellent, et pour comble de bonne fortune, un indigène veut bien leur céder six canards pour la modique somme de 96 francs. La famine était conjurée; ils pouvaient attendre.

CHAPITRE X.

Poulangis, Villas Palissy.

Le 4, à midi, nous recevons l'ordre de regagner Joinville. L'armée de Ducrot battait en retraite, après les glorieuses journées de Champigny et de Villiers. Nous passons la Marne sur des ponts de bateaux, et la brigade entière (36e et 40e) relève les derniers régiments qui se replient derrière nous pour aller bivouaquer dans le bois de Vincennes.

Le régiment de l'Ain s'établit dans les villas Palissy, charmantes habitations pour la plupart, entourées de jardins avec bosquets, pièces d'eau et tout ce que peuvent inventer le luxe et la galanterie, mais pour le moment dans un dénument complet.

Le régiment de la Vienne s'installe dans les maisons à gauche de la route de Champigny et dans l'importante ferme du Tremblay. Notre quartier général est au château de Poulangis (1). Le colonel et le commandant du 4e bataillon occupent, avec quelques officiers, une immense et très-belle maison, au centre du régiment. Pendant tout le mois de décembre, le salon de cette superbe demeure servit tour à tour de chapelle et de salle à manger pour la popotte.

En définitive, notre position à Poulangis n'était guère rassurante; tout à fait sous les feux ennemis, séparés, pour ainsi dire, du continent par une rivière constamment furieuse, avec des ponts de bateaux que ses flots emportèrent plus d'une fois, nous étions véritablement les enfants

(1) Ce château était la propriété de MM. Noël et Chapsal.

perdus de la défense. En effet, la Marne décrivait, derrière nous, un arc de cercle dont nos grand'gardes formaient la corde au point où la route se bifurque pour aboutir, à droite à Champigny, à gauche à Villiers et Petit-Bry. De chaque côté du rayon formé par cette route, le 36e de la Vienne à gauche, et le 40e de l'Ain à droite.

Dévastées et criblées de projectiles, les maisons qui abritent nos grand'gardes portent les traces de combats récents livrés, dans leur intérieur, entre Prussiens et Français. Quelques cadavres même, gisent encore çà et là près des tranchées.

Dès notre arrivée, la brigade fournit six compagnies de grand'gardes. Notre mission était de garder et de défendre, sous la protection des redoutes de la Faisanderie et de Saint-Maur, cette partie de la boucle de la Marne; de plus, nous devions relever et mettre en état les ouvrages de défense bouleversés pendant les jours précédents.

Le froid était très-vif; nous trouvons heureusement encore du bois et du charbon. Bien plus, à quelques mètres en deçà et au delà de nos tranchées, des champs plantés de pommes de terre, de poireaux et de carottes; ce sont des perles précieuses, et cette fois le régiment est plus heureux qu'à Paris, du moins pendant quelques jours.

Le 6, au matin, l'ennemi veut tâter, paraît-il, les nouvelles troupes qu'on lui oppose ; il attaque les grand'gardes sur toute la ligne de défense de la brigade. Les avant-postes du 36e, moins bien protégés que les nôtres, sont refoulés ; nos grand'-gardes tiennent tête et ripostent énergiquement, en particulier la 7e compagnie du 3e bataillon ; le mouvement des Prussiens est arrêté. Cependant, les balles arrivent jusqu'à notre campement ; toute la brigade accourt rapidement dans les ouvrages, et l'ennemi est obligé de se replier. Le 36e perd quelques hommes et un officier.

Après cette alerte, officiers et soldats cherchent à s'établir de leur mieux. Chacun s'en va à la découverte ; celui-ci apporte une chaise, celui-là un matelas, un autre enfin un poêle, etc. Ces captures font bien des envieux, mais dans ces douloureuses circonstances il semble que l'on devient forcément égoïstes. Les vivres devenaient rares et la course aux champs de légumes n'était pas sans péril ; heureusement un fournisseur eut la bonne idée de faire l'office de cantinier. Chaque jour sa voiture nous apportait de Paris, du pain, quelques conserves, des pâtés de cheval ou autres viandes plus suspectes ; toutes ces provisions étaient rapidement enlevées quoique chères ; les moblots qui avaient de l'argent partageaient entre eux et en bons camarades la bonne et la mauvaise fortune.

Malgré ses dangers et ses privations, Poulangis restera comme notre cantonnement le plus agréable de la campagne. Condamnés à l'exil, nous ressentîmes , plus que jamais , le besoin de nous rapprocher les uns des autres. Cette union existait aussi parmi nos braves moblots, je n'en veux d'autre preuve que la douleur des soldats de la 1re compagnie du 4e, lorsqu'un matin de grand'garde ils virent expirer dans leurs bras un de leurs camarades connu à peine de quelques-uns.

Quant au service , il était très-régulier et le même pour toute la brigade : l'exercice, le travail des tranchées et des barricades occupaient les compagnies qui n'étaient pas de garde. Notre plus grande peine, à cette heure, peine morale dont les exilés seuls peuvent se rendre compte, c'était l'absence de nouvelles. Cependant, malgré l'insuccès de Champigny, il nous arrivait, de la province, des espérances si rassurantes, que, malgré tout, nous envisagions l'avenir moins sombre qu'il ne devait être.

Dès les premiers jours on établit à la tête des

ponts, du côté de Joinville, un petit poste d'une trentaine d'hommes commandés par un officier. Les sentinelles étaient disséminées sur les deux rives de la Marne, et gardaient les abords des passerelles.

Tout était rentré dans le calme après la reconnaissance dont nous avons parlé plus haut, quand, un matin, nous vîmes arriver, de Paris, une longue file d'omnibus surmontés du drapeau de la Convention de Genève. Pendant trois jours, de 9 à 5 heures il y eut armistice pour vaquer à l'enterrement des morts. Arrivées vers les fosses communes, à 150 mètres environ de la fourche, sur la route de Villiers, ces immenses voitures s'ouvraient; on en voyait alors descendre des frères de la doctrine chrétienne et des ambulanciers qui tous se mettaient à la triste besogne, pendant que les voitures, conduites par des soldats prussiens, allaient jusque dans les lignes ennemies chercher nos pauvres soldats morts au champ d'honneur. Au retour des sinistres voitures, les frères les en retiraient, leurs lèvres murmuraient une prière pour les âmes de ces martyrs pendant que leurs mains déposaient dans la fosse commune ces cadavres gelés et sanglants.

Sur ces entrefaites, une crue de la Marne vint

briser les ponts de bateaux, notre unique passage pour aller à Joinville et à Paris. Notre situation devint des plus critiques ; nos magasins de vivres étant à Joinville, il fallait faire le service des distributions avec des canots. Un jour même on nous signala une forte colonne prussienne qui se dirigeait de notre côté. L'artillerie qui devait nous protéger ne put franchir la rivière ; nous en fûmes quittes pour l'émotion. L'ennemi connut-il notre triste position ? c'est probable. Dans ce cas, en envoyant des forces suffisantes, il aurait pu nous culbuter dans la Marne et pas un de nous n'aurait échappé. Rien ne vint justifier nos alarmes, et nous fûmes providentiellement protégés pendant tout notre séjour dans ce campement.

Par suite de la nomination du lieutenant de la 6e compagnie du 4e bataillon, comme officier trésorier, l'élection le remplace, à la compagnie, par Anthelme des Garets. Joseph Clayette y est nommé sous-lieutenant.

Pendant une des plus sombres nuits de ce mois de décembre, une patrouille prussienne vint se heurter à l'un de nos petits postes avancés, disposés dans de vastes fosses creusées en avant de nos tranchées. Nos sentinelles firent feu ; celui qui la commandait fut tué, et un de ses hommes, blessé, put s'échapper.

De notre côté, nous avions ordre de faire, chaque matin, une reconnaissance en avant de nos grand'gardes. Le plus souvent, nous trouvions les postes avancés de l'ennemi complètement déserts. Le 24, le capitaine de la 6e compagnie du 4e bataillon, et son sous-lieutenant à la tête d'une vingtaine d'hommes, arrivèrent à une petite distance d'un mur crénelé d'où partit une vive fusillade. La petite troupe fit bonne contenance, malgré une grêle de balles ; l'ennemi ne débusqua pas, mais un sergent et un mobile furent blessés à la cuisse.

Pendant ce temps, les vivres commençaient à devenir très-rares à Paris. 300 grammes de pain et 30 grammes de viande de cheval formaient la ration des habitants non incorporés dans la garde nationale. Aussi c'était pitié de voir de longues files de femmes à la porte des boucheries et des boulangeries, attendre, pendant plusieurs heures et par un froid de 10 à 12 degrés, la mince ration de la famille. L'histoire, plus juste que beaucoup de contemporains, redira plus tard les sacrifices et les privations des assiégés.

Les troupes mieux partagées, touchaient 750

grammes de pain (mais peu après seulement 500 grammes), des rations de viande et de riz, du café, 25 centilitres de vin tous les deux jours, et parfois de l'eau-de-vie le jour intermédiaire.

Un beau jour, nous trouvâmes étendu, raide mort, un de nos chevaux de fourgon. Fallait-il le manger ou le faire disparaître? La question est mise aux voix, et, à l'unanimité, on décide qu'il sera dépecé et mangé; disons, en passant, que jamais viande de cheval ne fut plus succulente. En même temps les moblots trouvaient, sous un restaurant à demi effondré par les obus, une cave bien garnie. On peut se faire une idée de la joie générale. Notre lieutenant-colonel, averti à temps, envoya un fourgon, et, à la barbe des Prussiens, on enleva sept pièces de vin rouge et une de blanc. L'argent de l'ordinaire servit à payer cette trouvaille; les compagnies en profitèrent largement.

Un jour, les Prussiens voulurent fraterniser avec les moblots. Deux ou trois s'avancèrent, sans armes, sur la route de Champigny; quelques gardes, désarmés aussi, s'approchent, goûtent l'eau-de-vie aux gourdes ennemies et reviennent au camp enchantés et presque fiers de l'aventure. Le colonel donna aussitôt les ordres les plus sévères pour que pareil fait ne se renouvelât plus.

Des dépêches par pigeons nous arrivèrent à la fin de ce triste mois de décembre; ce fut une joie générale dans le régiment, car bien qu'elles fissent des jaloux, nous étions si unis que chacun prenait sa part, de bon cœur, au bonheur des camarades plus heureux.

Tous les dimanches, notre bon aumônier disait la messe en plein air ou à la salle à manger des officiers. La solennité de Noël, surtout, doit rappeler à chacun de nous, un touchant souvenir. Les soldats se pressaient en grand nombre et se groupaient autour de l'autel improvisé, quelques-uns chantaient des cantiques ; tous étaient émus et songeaient au pays et à la famille avec plus d'espérance.

Avec des longues-vues, nous apercevions, depuis plusieurs jours, des ouvrages ennemis adroitement dissimulés jusqu'alors. Les Prussiens découvraient même visiblement plusieurs batteries sur les hauteurs de Gournay ; c'était nous indiquer que le bombardement ne tarderait pas. En effet, dès le 20 décembre, on redoublait de vigilance aux avant-postes et les compagnies de garde étaient augmentées. La canonnade s'étendait du côté de Bondy et tout l'est de Paris; l'objectif principal de l'ennemi était le plateau d'Avron. Ces hauteurs, très-importantes pour nous, ne pouvaient être occupées longtemps, vu la position des deux armées, ni par nous, ni par l'ennemi, faute d'ouvrages sérieux. On s'y maintint cependant au prix de grands sacrifices, et quand il fallut les abandonner, devant le froid qui gelait les factionnaires sur place, et le canon qui les criblait de projectiles, cette évacuation prit, pour les Parisiens, la proportion d'un désastre. C'était une erreur, car des militaires très-compétents affirmaient qu'on s'exagérait l'importance de cette position ; l'avenir leur donna raison, car l'ennemi n'en profita nullement.

Le 21, les troupes livrèrent un combat très-important, reprirent la Maison-Blanche et la villa Evrart.

Le 28, l'ennemi démasque en face de nous des batteries formidables qui peuvent nous mitrailler; aussi, le lendemain, nous recevons l'ordre d'évacuer la position à la fin du jour. Cette journée-là, la 5e compagnie du 2e, la 5e du 3e et la 1re du 4e formaient les grand'gardes du régiment. Attendre que toute la brigade ait repassé la Marne et soit en sûreté, tenir tête à l'ennemi, en cas d'attaque, pour protéger la retraite, tel était l'ensemble des ordres donnés à ces compagnies.

A 8 heures du soir, chaque bataillon défile silencieusement, laissant des feux en vue pour ne pas éveiller les soupçons de l'ennemi. Les grand'gardes rallient alors leurs sentinelles qui, une à une, se glissent dans l'obscurité, et vers 9 heures, toute la brigade a passé le pont de pierre, dont on avait rétabli une arche en bois qu'on fit sauter après la retraite.

Cette évacuation, difficile à cause du voisinage de l'ennemi, et de sa vigilance habituelle, se fit en très-bon ordre. Le silence, qui en était une condition essentielle, fut tel, qu'à part quelques coups de feu, tirés en pure perte, sur la 1re compagnie du 4e bataillon, il ne fut en rien interrompu. Tous, nous étions tristes de laisser à l'ennemi des positions et des ouvrages construits et conservés au prix de tant de sacrifices.

CHAPITRE XI.

Vincennes.

La traversée du bois de Vincennes fut pénible; la neige grinçait sous nos pas, et les hommes étaient horriblement chargés. Le 40e doit s'établir au fort neuf, dans d'immenses et froides chambrées ouvertes à tous les vents. Le 36e, mieux partagé, logera chez l'habitant. Comme les officiers, avant tout, s'occupaient de leurs compagnies, il arriva que, vers 1 heure du matin, la plupart se rendaient à la mairie pour obtenir un logement. Il y avait un poste de gardes nationaux pleins de patriotisme, sans doute, mais d'employés et de billets de logement, pas l'ombre.

Chacun s'en va frapper aux portes; après de nombreuses rebutades, plusieurs hôtels s'ouvrent à quelques-uns; mais une dizaine, dont les commandants des 3e et 4e bataillons, sont obligés d'aller s'étendre sur les banquettes du café Français. Cet abri valut à cet établissement la faveur du corps d'officiers. Dès le lendemain, la popotte y est installée.

C'est à Vincennes que nous devions commencer cette triste année 1871; tous nos souhaits se reportèrent sur notre infortunée patrie et sur les êtres bien chers que nous avions laissés.

Cependant le séjour du fort neuf était insoutenable pour les hommes, à cause du froid. Après nombre de démarches auprès de l'intendance, nos officiers supérieurs obtinrent des poëles qu'on établit dans les chambrées. C'était un léger adoucissement, mais c'en était un, car nous étions à l'époque la plus rigoureuse de l'hiver.

Dès le lendemain, les Prussiens commencent à bombarder Joinville où nous maintenons deux compagnies de grand'gardes. L'ennemi avait ouvert une canonnade furieuse sur le fort de Nogent qui ripostait de son mieux. Chaque nuit un fort détachement de travailleurs fourni par la brigade y était envoyé pour réparer les brèches faites, pendant le jour, par les obus. Le 3 janvier, une colonne composée de trois à quatre cents hommes et de cinq officiers est envoyée avec les ordres habituels. Divisée en cinq pelotons, elle se met en marche, traverse Nogent et arrive sur la route du fort qui contourne la colline. La nuit commençait à tomber ; les Prussiens nous distinguèrent-ils, malgré la distance ? nous l'ignorons. Toujours est-il qu'une canonnade furieuse vient balayer les approches du fort. Nous entendions, pour la première fois, le sifflement sérieux et répété des obus; nous avançons, néanmoins, sans hésitation jusqu'à la porte du fort, qui se trouve fatalement fermée. Que faire? Chaque peloton s'embusque derrière les murs ou dans les fossés ; puis, le capitaine commandant la colonne s'avance seul pour demander des ordres et a mille peines à pénétrer dans le fort. Pendant un long quart d'heure, nous restons dans cette position critique ; les projectiles tombent et éclatent autour de nous avec un fracas épouvantable.

Au milieu de nos émotions, nous fûmes témoins de ce que peuvent le courage et le sang-froid d'un supérieur sur l'esprit du soldat. Tandis qu'officiers et moblots s'applatissent à chaque sifflement d'obus, un officier d'état-major montait, au pas tranquille de son cheval, la côte qui conduit au fort, passait devant nous et entrait avec la même allure dans la première cour du bastion où les projectiles tombaient comme grêle. Remplis d'admiration, tous oublient le danger et se lèvent pour contempler ce digne officier.

Mais, quelle était donc la cause de ce retard, qui pouvait nous être si funeste ? Hélas! comme trop souvent, pendant cette malheureuse guerre, où l'unité de direction fit si souvent défaut, les ordres supérieurs avaient été mal donnés et le capitaine revint en nous disant que ce n'était pas au fort, mais bien à Fontenay-sous-Bois que nous devions aller travailler. Malgré les appels désespérés du capitaine, nos derniers pelotons, croyant à une retraite, regagnèrent avec un peu trop d'empressement les rues de Nogent. Aussi, deux pelotons à peine formaient le détachement en direction sur Fontenay, à découvert sur une route constamment balayée par les projectiles.

Arrivés au but, cependant, le reste de la colonne rejoignit le détachement par d'autres directions. Cette fausse manœuvre résultait, en partie, de la composition de cette troupe choisie dans tout le régiment et dans différentes compagnies avec des officiers et des soldats inconnus ou à peu près les uns aux autres.

A Fontenay-sous-Bois, notre travail consistait à piocher une terre gelée pour en remplir de petits sacs en toile destinés à réparer les brèches faites au fort par les projectiles ennemis.

A 2 heures du matin, nous repartions pour Vincennes; les ponts-levis du fort étaient levés, et nous voici, transis de froid et tombant de sommeil, obligés de parlementer pendant une heure avant de pouvoir pénétrer dans l'enceinte.

Le combustible manquant de toutes parts, il fallut organiser des corvées pour aller abattre et fendre des arbres dans le bois de Vincennes; malgré quelques difficultés aux premiers jours, la nécessité l'emporta sur la loi.

Pendant ce temps, l'ennemi couvrait d'obus

tous les abords de la Marne, et surtout Joinville, où nos deux compagnies laissées en grand'garde couraient de grands dangers.

Le 6 janvier, au soir, nous recevons un ordre de départ pour le lendemain. Il faut à la hâte et à une heure très-avancée, faire une distributian de vivres pour trois jours, en dehors de l'ordinaire. Pendant la nuit, l'ordre est changé ; il faut l'attribuer, sans doute, au verglas et à la pluie qui mettent les fourgons et l'artillerie dans l'impossibilité de faire un mouvement.

Le 9, bonnes nouvelles de la province. Le pays, dit-on, est partout en armes ; le nord avec Faidherbe; l'ouest avec Chanzy; et l'Est, l'Est surtout, l'espoir suprême, avec Bourbaki, marchent avec succès à un but commun, la délivrance de la patrie. Quelques dépêches particulières viennent encore ranimer notre naïve espérance. Cependant, malgré tout, l'esprit n'osait s'arrêter à penser à la famille, aux amis, et lorsque nos paupières vaincues par la fatigue se fermaient enfin, le sommeil nous arrivait comme voilé d'un crêpe funèbre. Hélas, pour un trop grand nombre, ces tristes rêves se sont réalisés.

CHAPITRE XII.

Gentilly.

Le 11 janvier, au soir, ordre de départ pour le lendemain à 6 heures du matin, avec armes et bagages. A l'heure dite, toute la brigade est prête, bientôt elle se met en marche, et rencontre sur son passage de l'artillerie, de la cavalerie, des bataillons de marche de la garde nationale. Nous longeons les remparts à l'intérieur, et après cinq heures d'attente et de trajet par un verglas épais, nous revenons pour la troisième fois à Gentilly. Le village est encore plus dévasté, et la petite place est encombrée d'artillerie. Chaque compagnie reprend à peu près ses anciens logements que viennent d'évacuer les bataillons de la Côte-d'Or.

Le 13, à 6 heures du soir, la brigade reçoit de nouveau l'ordre de partir sac au dos pour aller à Montrouge attendre des instructions plus étendues.

On nous fait suivre un étroit chemin verglacé et raboteux qui longe les remparts extérieurs.

Dans l'obscurité, les pauvres moblots chargés tombent à chaque pas; quoique plus à l'abri que sur toute autre route, la colonne est inquiétée par les obus prussiens lancés sur Paris; plusieurs même tombent à quelques mètres de nous sans éclater.

Près de la grande route d'Issy à Vaugirard, la brigade s'arrête, forme les faisceaux dans la neige, et attend une heure et demie dans cette position. A 10 heures environ, un fort détachement de marins passe au pas gymnastique, la hache d'abordage à la ceinture, devant notre 2e bataillon. Évidemment, une action sérieuse va s'engager, car, peu après, l'ordre est donné de nous remettre en marche sur Issy. Nous atteignons le village, le laissons sur notre droite pour longer le mur d'un immense parc situé en arrière et à gauche du fort. Là, une nouvelle halte, sacs à terre. Il était près de minuit; la brume, qui s'étendait quelques instants auparavant sur tous les environs, avait disparu, et la nuit était très-claire.

Le général d'André fait alors mander les commandants de compagnie du 2e bataillon de l'Ain, placé à la tête de la brigade; il les réunit ainsi que le colonel et l'adjudant-major dans une pauvre baraque à moitié détruite par les projectiles, et située au pied du talus du chemin de fer (rive gauche) de Versailles. La carte topographique à la main, il explique, à la lueur d'une mauvaise chandelle, ce que l'on attend du bataillon et de la brigade tout entière.

L'attaque doit être faite par trois colonnes : la première, à droite, doit agir sur le bas Meudon; la deuxième, à la tête de laquelle doivent marcher les marins, a pour objectif la batterie du moulin de Pierre qu'elle devra détruire; la troisième, celle de gauche, formée de notre régiment, a pour mission de traverser le chemin de fer, d'agir sur Clamart, de s'emparer des vingt premières maisons, et de s'y maintenir à tout prix et assez longtemps pour donner carrière à la colonne du centre, la principale. C'était le général de division Corréard qui commandait l'expédition.

Le général d'André recommande, en même temps, de ne battre en retraite, quoi qu'il arrive, qu'au signal de deux coups de sifflet, donné par lui. Ces ordres étaient distribués au bruit incessant des obus, qui heureusement venaient tous éclater dans le grand parc entièrement désert.

A minuit et demi, un officier d'état-major arrive, et nous reproche très-militairement d'être en retard. Les instructions sont données à la hâte, le régiment s'ébranle; nous rejoignons sur la voie du chemin de fer un petit détachement d'environ trente gardiens de la paix qui doit prendre part à l'attaque, et nous nous avançons, sans trop savoir où.

Aussitôt le 2e bataillon prend ses dispositions suivant les instructions du colonel. La 1re compagnie se déploie en tirailleurs sur la droite de la route, ayant la 3e compagnie pour soutien. La 2e compagnie doit se déployer en tirailleurs sur la gauche avec la 4e pour soutien. Enfin, sur la chaussée, la colonne d'attaque doit se composer des gardiens de la paix, et des 5e, 6e et 7e compagnies du 2e bataillon. Le 3e bataillon se dispose à soutenir la ligne d'attaque et le 4e est en réserve.

Derrière nous, et un peu à droite, les casernements du fort d'Issy, incendiés par les bombes ennemies, envoyaient dans l'air d'épaisses traînées de fumée. Devant nous, le talus et la voie du chemin de fer; les grand'gardes des forts dans une tranchée large, profonde et protégée par une demi-batterie établie près d'une barricade. Perpendiculairement au chemin de fer, la route qui conduit à Clamart, bordée de vignes et de villas isolées les unes des autres.

Le temps est devenu tout à coup brumeux; le

froid assez vif et la neige grince sous nos pieds. Les vignes sont coupées de distance en distance par des haies, des palissades ou des treillis en fil de fer, tout autant d'obstacles devant les tirailleurs; aussi la colonne d'attaque est-elle obligée d'attendre un peu afin de leur donner le temps de prendre leurs distances.

Tout à fait novices dans ce genre d'expédition, nous manquions naturellement du premier élément nécessaire pour le succès, la prudence. Nous ignorions la distance qui nous séparait de l'ennemi, et il fallait le surprendre; le silence le plus absolu était indispensable; mais comment l'exiger de troupes neuves et inexpérimentées. Du reste sur le chemin de fer que nous avions à traverser flottaient, presque à hauteur d'homme, les fils télégraphiques détendus, les baïonnettes se heurtent à cet obstacle dont le bruit éveille l'attention des sentinelles avancées.

Déjà la colonne d'attaque a parcouru une distance de trois cents mètres et franchi une seconde barricade, fouillant les maisons qui bordent la route, étant obligée de couper à coups de sabre des fils de fer tendus à un pied de terre d'un arbre à l'autre du chemin, lorsque tout à coup elle se voit éclairée par deux fusées d'un blanc verdâtre qui viennent de l'ennemi. L'arme chargée et la baïonnette au canon, elle avance toujours néanmoins. Bientôt un ou deux coups de feu retentissent en avant ; elle poursuit sa marche et arrive deux cents pas plus loin, sans s'en douter, à 60 mètres environ d'une barricade prussienne. A ce moment, une fusillade très-nourrie vient balayer la route où nous marchons ; nous ripostons d'abord en nous couchant ; mais dans l'impossibilité de nous défendre efficacement contre un ennemi invisible et dans ses positions, nous sommes obligés de nous défiler un à un derrière un petit mur perpendiculaire, à droite, à la route. Quelques gardiens de la paix avec leur officier s'embusquent dans le jardin dont le mur nous sert de rempart, et tiennent tête bravement aux Prussiens. Pendant ce temps notre colonel, plein de sang-froid au milieu du danger, se multiplie, envoyant ses instructions, et restant lui-même sur la route dans l'endroit le plus périlleux. Le 3e bataillon reçoit l'ordre de se déployer en soutien au 2e ; le 4e se dispose dans les tranchées des grand'gardes, où les balles qui passent sur nos têtes tombent en grand nombre. Le commandant de ce bataillon, calme et attentif, et debout sur le revers de la tranchée, attend les ordres supérieurs et fait tous ses efforts pour ne pas laisser couper les lignes par les autres corps.

Ce qu'il y eut de regrettable, à cette heure, c'est que la majeure partie de la colonne d'attaque, interprétant mal le mouvement en arrière que la position exigeait, battit en retraite trop précipitamment. Pour combattants avancés, il ne reste qu'un peloton insuffisant composé du plus grand nombre des gardiens de la paix, de cinquante hommes environ de la 5e compagnie, et d'une quinzaine des deux autres. Les feux ennemis s'étendent en circuit autour de ce mince détachement; ils forment un arc de cercle dont les deux extrémités semblent aboutir au chemin de fer; les balles pleuvent sur toute l'étendue de nos troupes.

En nombre si réduit, il eût été téméraire d'avancer; bien plus, si les Prussiens eussent supposé notre infériorité numérique, nous étions infailliblement massacrés ou pris, malgré la précaution prise de masser, à chaque extrémité du mur qui nous abritait, le peu de forces que nous avions.

Pendant ce temps, nos tirailleurs ripostaient vigoureusement, mais sans efficacité, aux feux ennemis. Le plus terrible, c'est que les réserves ne supposant pas leurs camarades aussi avancés, tiraient dans leur direction et doublaient leurs dangers; ajoutons à cela les balles explosibles qui éclataient tout autour de nous en nous éclairant de leurs lueurs sinistres.

Quelques gardes affolés de terreur veulent battre en retraite; l'adjudant-major cherche en vain à les retenir, il est renversé par eux. Il envoie le sergent-major Liger pour les rallier et donner des ordres aux tirailleurs; le malheureux n'avait pas fait dix pas qu'il tombait mortellement frappé d'une balle à la tête.

Le capitaine de la 6e compagnie, abandonné de ses hommes, s'élance aussi vaillamment au milieu de la fusillade; il parvient à en rallier quelques-uns qui nous reviennent. Cependant, l'action devenant plus intense, le général envoie, comme renfort, ou plus tôt pour nous dégager, un détachement de marins. Quelques-uns s'abritent en route; les plus hardis s'avancent hardiment au pas gymnastique; leur courage entraîne quelques moblots et ils arrivent jusqu'à nous. Mais hélas! eux aussi jugent la position intenable, et attendent, avec nous, le signal de la retraite. Les batteries de Châtillon, de Clamart et de Meudon tirent sans relâche sur nos lignes et menacent sérieusement les réserves. Si l'ennemi avait pu juger exactement l'espace occupé par la brigade il l'eût criblée.

Sur la gauche de la route, où deux de nos compagnies étaient déployées en tirailleurs, se trouvait une carrière très-profonde ; dans l'obscurité et troublés par l'intensité de la fusillade, plusieurs hommes trébuchèrent et y trouvèrent la mort.

Enfin, après une heure et demie d'angoisses, le signal convenu du général se fit entendre ; il fallait se replier, et cette heure de la retraite devait être la plus dangereuse. Les vignes, en effet, avec leurs palissades solidement reliées, offrent un obstacle infranchissable ; plusieurs veulent persister à le franchir, ils sont tués ou blessés. Il faut donc revenir à la route que balaie, sans relâche, une fusillade insensée. Les Prussiens s'aperçoivent du mouvement, et tout aussitôt, sortant de leurs retranchements, se précipitent à la baïonnette sur la petite troupe, et l'air retentit de leur sinistre cri de combat : Hurrah ! hurrah !

Arrivés à une maison à droite de la route, nous rejoignons des marins et des gardiens de la paix ; on se prépare à tenir tête à l'ennemi ; mais bientôt nous recevons les feux de trois côtés différents, il faut encore battre en retraite et vivement. Toutefois un groupe de marins, commandé par un officier, protége, sur la route, les retardataires isolés et quelques blessés. Calme, sur la chaussée, notre colonel donne à chaque groupe qui passe les instructions nécessaires pour le ralliement.

En arrivant vers la première barricade, un assez fort détachement du 2e bataillon de l'Ain passe devant le général Corréard qui l'arrête pour interroger un officier. Il n'a pas fini qu'un obus, rasant la tête du général et celle de cet officier, vient éclater au milieu de la barricade, tue six hommes du régiment de la Somme et en blesse autant; plusieurs des nôtres sont renversés, mais sans aucun mal. Le 40e est miraculeusement épargné.

Peu à peu les bataillons et les compagnies se reforment; on reprend les sacs laissés l long du mur du grand parc, et malgré les projectiles que l'ennemi lance dans notre direction, la brigade rentre à Gentilly à 5 heures 1/2 du matin.

Cette malheureuse nuit nous avait coûté environ quatre-vingts hommes, chiffre insignifiant, si l'on considère que la brigade entière aurait pu être décimée. Plusieurs parmi nous furent providentiellement épargnés : deux officiers du 2e bataillon reçurent l'un et l'autre une balle, qui après avoir traversé leur couverture vint s'amortir sur un bouton de tunique ; l'aumônier du 3e bataillon eut à peu près la même chance en relevant un blessé.

Ce qu'il y eut de regrettable, ce fut la confusion pendant le combat ; cette confusion inévitable avec de jeunes troupes, pendant la nuit, et sur un terrain inconnu, amena des morts et des blessés dans les régiments qui devaient être en réserve. Puis, à l'heure de la retraite, nous croisâmes des soldats de tous corps : mobiles de la Seine, de la Somme, gardiens de la paix, mobilisés à la recherche de leurs compagnies. Si l'ennemi eut dirigé ses feux moins en avant, ces troupes isolées eussent été taillées en pièces.

En rentrant à Gentilly, chacun s'empressa de se jeter sur la paille ou sur le carreau, brisé de fatigues, de sommeil, et surtout d'émotions.

CHAPITRE XIII.

Montrouge. — Petit-Vanves.

A peine étions-nous reposés que nous reçûmes l'ordre, à 6 heures du soir, de partir avec armes et bagages et tous les fourgons ; c'était le 14 janvier.

La brigade défile par Arcueil, la grande route d'Orléans et arrive à Montrouge où l'encombrement des troupes amène une longue halte ; puis nous nous remettons en marche et arrivons transis de froid entre Vanves et Montrouge, à 11 heures. Il fallut rester encore une heure dans les rues pour se reconnaître, désigner la position de chaque bataillon, enfoncer quelques portes pour caser les compagnies tant bien que mal, jusqu'au jour. Le 40e occupe les maisons qui bordent les routes de Châtillon, de Bagneux, de Vanves et d'Issy. Le 36me est logé à Issy.

Le lendemain, 15 janvier, nos aumôniers disent la messe à l'église de Montrouge au bruit d'une canonnade terrible et qui devait durer jusqu'à la fin du siége, en augmentant chaque jour d'intensité.

Placés immédiatement sous Châtillon, la position prussienne la plus avantageuse pour bombarder Paris, nous apercevions se croiser, dans notre direction, les feux des batteries de Clamart, de Meudon et du moulin de Pierre. Fixées sur les remparts, d'excellentes pièces de 7 se chargeant par la culasse et fondues pendant le siége, ripostaient de leur mieux. Dans cet affreux campement, nous attendait le service le plus pénible et le plus périlleux ; c'était le bouquet, mais il était complet.

Placées à 3 kilomètres du cantonnement, nos grand'gardes reliaient le fort de Montrouge à celui de Vanves ; c'était des tranchées profondes creusées dans un terrain argileux, où les hommes grouillaient dans la boue, puis quelques murs crénelés et des barricades sur les routes. Cette ligne de défense était divisée en quatre postes confiés chacun à une compagnie, dont deux se trouvaient à 300 mètres du village de Bagneux occupé par l'ennemi. De plus, un poste était établi au cantonnement, et chaque nuit il fallait fournir des travailleurs aux forts de Vanves et d'Issy, souvent aux deux en même temps. Ce service, bien plus dangereux encore qu'à Nogent, durait toute la nuit ; le péril n'existait pas seulement durant le travail, mais aussi pendant le trajet, et surtout à l'arrivée et au départ. Une fois dans l'enceinte des forts, on divisait le détachement par petits groupes qui, sous la conduite de sapeurs du génie, allaient réparer les dégâts faits par l'ennemi. Il fallait constamment prêter l'oreille aux cris d'alarme du veilleur qui, à chaque éclair des batteries prussiennes criait : gare la bombe : alors, chacun de se précipiter vers un abri ou de se mettre à plat ventre, et vivement. Les moblots de l'Ain furent réellement admirables à ce service : le régiment y acquit une répntation qui l'y fit employer de préférence; aussi la santé des hommes s'en ressentit, et la légère compensation d'une ration supplémentaire d'eau-de-vie ne réussit pas à rétablir l'équilibre hygiénique brisé par ces excès de fatigues.

Du reste, dans ce cantonnement, quel était l'espace qui n'offrait pas un péril de tous les instants ?

La canonnade continuelle des Prussiens envoyait sur Paris des projectiles dans toutes les directions du rayon, et ceux qui n'arrivaient pas au but, éclataient autour de nous. Ainsi, pendant notre première nuit au petit Vanves, quatre obus tombaient dans la cour et sur le hangard de la maison où logeait la 5e compagnie du 2e bataillon, un seul éclatait. Le lendemain, un autre vint écorner le toit d'un pavillon où étaient logés une dizaine d'hommes. Le même jour, pendant le déjeûner des officiers du 4e bataillon, un obus d'un Krup de fort calibre tombait, sans éclater, à fleur du mur de leur salle à manger, dans une écurie où mangeait tranquillement la mule d'ambulance. Une vingtaine d'officiers étaient alors réunis dans la même pièce, on peut juger du résultat si le projectile eut produit son terrible effet.

Le chemin à parcourir pour nous rendre aux grand'gardes était aussi très-dangereux, malgré la précaution de nous faire relever à 5 heures du matin.

Notre pauvre régiment, décimé par la maladie et surtout l'épuisement, se trouvait réduit de plus de moitié de son effectif. Les compagnies qui comptaient 155 hommes au départ pour Paris, pouvaient à peine mettre sur pied 80 hommes pour le service. Les vivres, d'un autre côté, diminuaient et devenaient infects; le pain, surtout, n'était plus qu'un affreux mélange d'avoine et de brins de paille ; sa vue seule, maintenant, soulèverait les cœurs les plus robustes. Les bronchites se multiplient, tout le monde tousse et s'épuise, il faut se faire violence pour tenir debout et faire son service.

A cause de l'insuffisance du nombre, les plus valides doivent se multiplier ; aussi, ces pauvres diables, dans la boue des tranchées jusqu'à mi-jambe, tombaient quelquefois de fatigue et de sommeil, et malgré l'affreux tintamarre du bombardement, s'endormaient dans la vase. C'était pitié de les voir; néanmoins le service exigeait une surveillance incessante qui les enlevait bien vite à un repos plus dangereux encore que le travail. La fatigue de ces gardes étaient plus que doublée pour les chefs, par l'écrasante responsabilité qui pesait sur eux.

Les officiers, eux aussi, payaient un large tribut à la maladie; ceux qui purent tenir jusqu'au bout furent accablés. Plusieurs passèrent jusqu'à cinq nuits de suite, soit aux grand'gardes, soit aux corvées des forts. Réduits à leurs rations insuffisantes et ne pouvant même, à prix d'or, se procurer quelques soulagements, les officiers du 4e bataillon acceptèrent avec enthousiasme l'offre de leur commandant, de manger son cheval. Le pauvre animal y passa bel et bien, et fut d'un grand secours pour la popotte, tout à fait dépourvue.

Le 19 janvier, toutes les troupes sont consignées, on parle d'une grande et suprême sortie. Dès le matin, nous entendons sur notre droite une canonnade et une fusillade très-intenses. Un corps d'armée considérable, composé principalement des compagnies de marche de la garde nationale, des zouaves et de quelques bataillons de ligne, tourne le Mont-Valérien, et après une journée de lutte s'empare de Montretout et de Buzenval. Mais la nuit venue, il faut quitter ces positions, faute d'une artillerie capable de résister aux feux terribles de l'ennemi. Le dégel des jours précédents avait tellement détrempé le sol qu'il était impossible de mettre des pièces en batterie ; il fallait, encore une fois, perdre le fruit d'une expédition meurtrière, et refouler au fond du cœur l'espoir , un moment entrevu, du triomphe.

Le bombardement, en ce jour de bataille, avait redoublé d'intensité. Les Français avaient placé des batteries à 100 mètres en arrière de nos tranchées de grand'gardes, entre la route de Châtillon et le fort de Vanves, ainsi qu'entre cette route et le fort de Montrouge. Elles tiraient sans relâche sur les positions prussiennes, de même que tous les forts, excepté le fort d'Issy que les feux ennemis avaient réduit au silence ; les pièces des remparts tonnaient aussi sur tous les points ; c'était un vacarme effroyable. Les premiers jours, cela nous agaçait, peu à peu ce bruit nous devint indifférent, et j'affirmerais même que, lorsque le silence lui succéda brusquement, il parut, pendant quelque temps nous manquer.

Le 22, nous apprenons que des émeutiers veulent encore ajouter une honte civile à nos malheurs militaires ; ils soulèvent la populace et dirigent des mitrailleuses sur l'Hôtel de Ville. Pauvre peuple ! Le régiment avait été consigné et attendait des ordres. Quoique très-courte, cette misérable insurrection fit couler du sang. Les mobiles Bretons, de garde à l'Hôtel de Ville, furent obligés de faire feu, après avoir vu tomber un de leurs officiers.

Toutefois, l'ennemi poursuivait le but que l'émeute servait si bien ; les obus pleuvaient sur Paris, un certain nombre allaient jusqu'à la Seine : monuments, hôpitaux, ambulances, rien n'était respecté. Chaque jour, la population inoffensive comptait de nouvelles victimes, sans que, cependant, le courage public en fut ébranlé un seul instant.

Pendant ce temps, cette terrible existence faisait de nouveaux ravages dans nos rangs; les ambulances et les hospices regorgeaient, et les malades ne pouvaient encore y être soignés convenablement. Nous eûmes la douleur de voir mourir un à un presque tous nos blessés de Clamart, car sur toutes les amputations, pas une ne réussit. Dans notre malheureuse brigade, officiers et soldats tombent malades par centaines, les hommes valides sont sur pied jour et nuit, et ne peuvent suffire. Il arriva même parfois que nous ne pûmes fournir le nombre de travailleurs demandé, et malgré les justes réclamations de nos officiers supérieurs, notre service continua à être aussi exigeant.

Le 25 janvier, ordre de l'intendance de nourrir les troupes sur les trois jours de vivres de campagne distribués à Vincennes. Mais comment, en temps de disette, pouvoir faire conserver pendant quinze jours des provisions à des affamés; il fallait que l'on fût bien à bout, et cet ordre nous fit pressentir la crise finale.

Le 4e bataillon avait heureusement une petite réserve en magasin, due à la prudente prévoyance d'un sergent aussi dévoué qu'intelligent, chargé des distributions.

Cependant le service des tranchées, qui suivait une marche toute opposée à celle des vivres, devenait une véritable cruauté. Pour conjurer le froid, nous y avions construit des gourbis. C'était en général, de vastes trous creusés dans le sol et recouverts de quelques planches ; huit hommes environ pouvaient y trouver asile lorsqu'ils étaient relevés de garde. Qui de nous ne se souvient de cet ingénieux abri, dû à l'inspiration d'un de nos capitaines, formé d'une charrette renversée, recouverte de terre glaise et de pierres ? Et de cet autre, au poste de la Savonnerie, plus simple encore, composé uniquement d'une grande chaudière d'usine couchée sur le côté ?

Au cantonnement, on avait peine aussi à se garantir du froid malgré l'entassement dans les maisons ; le plus grand nombre couchait sur les carreaux : quelques-uns, mieux partagés, pouvaient en amortir la dureté au moyen de rares nattes de paille trouvées dans les jardins ; enfin, certains autres avaient ingénieusement élu domicile dans les caves, où, du moins, ils étaient plus à l'abri.

Mais voici que des bruits d'armistice viennent bourdonner à nos oreilles. Le général Trochu donne sa démission de gouverneur de Paris, car il avait affirmé qu'il ne capitulerait pas ; le général Vinoy prend le commandement de l'armée, Trochu garde seulement la présidence du gouvernement. A partir du 27, le bombardement se ralentit, et déjà la vigilance se relâche aux avant-postes. Hélas ! cette nouvelle d'armistice fut bien diversement accueillie ; on sentait très-bien que ce n'était rien autre qu'une capitulation déguisée, et les gens de cœur furent consternés de cet avilissement de la nation. Pour le plus grand nombre, cependant, ce fut presque une joie, car c'était un terme à une existence insupportable, à une lutte presque impossible, et une garantie de retour prochain à la famille.

Le 28, la nouvelle est officielle; que de douleurs poignantes dans bien des cœurs! Oui! après cinq mois de résistance, de dévouement, de sacrifices, cinq mois de fatigues et de dangers, il fallait se rendre et se rendre à merci. C'était par trop navrant, en vérité! Qu'était donc devenu le vieil honneur militaire de la belliqueuse nation! Ce peuple si souvent victorieux, aux genoux de son adversaire, et le nom français traîné dans la boue! Des larmes coulèrent de bien des yeux, comme une protestation muette à la joie de la multitude.

Le 29, la brigade est consignée; elle doit partir, car d'après les conventions, tous les forts seront évacués, l'armée rentrera dans l'intérieur des murs, et les Prussiens occuperont immédiatement nos positions.

CHAPITRE XIV.

La capitulation. — Retour dans Paris.

Le dimanche 29 janvier, le temps était triste et sombre, comme les événements. A midi nous partons avec armes et bagages, laissant forcément nos derniers malades. La brigade défile silencieusement sur la route de Vanves, pendant que, de loin, nous apercevons les Prussiens entrer dans les forts, musique en tête. Nous rentrons, tristement à Paris par la porte de Vanves; elle se referme sur nous.

Après deux heures d'attente, les pieds dans la neige, notre régiment est entassé partie dans de mauvaises baraques en planches encore pleines des souvenirs de la garde nationale sédentaire, partie dans les casemates de l'enceinte, basses et humides au delà de toute expression.

Les badauds arrivent déjà par groupes pour voir, des remparts, les Prussiens entrer dans les forts. Le Parisien aime tous les spectacles!

Dans ce faubourg, qui mérite si peu son nom de Plaisance, nous cherchions vainement un gîte quelconque; plusieurs furent obligés de renvoyer au lendemain l'espoir de s'abriter; mais ce jour-là nous eûmes la bonne fortune de trouver à la gare d'Ouest-Ceinture des hôtes aussi aimables qu'obligeants, qui mirent à notre disposition une partie de leurs appartements; la popotte du 4e bataillon s'y installa, et la gare devint le centre de nos réunions.

Le premier jour chacun vécut comme il put; plusieurs officiers, munis d'un morceau de cheval, leur pain sous le bras, allèrent dans un mauvais cabaret, où l'on ne recevait les consommateurs qu'à la condition d'apporter ses vivres.

La politique vint occuper ces premiers jours de désœuvrement et de tristesse, et nous eûmes plusieurs réunions électorales à l'occasion des députés à envoyer à l'Assemblée. Après des démarches et des débats de tous genres, les candidats choisis par le régiment, las de lutter contre les obstacles dont on entoure leur permission de départ, restent avec nous.

Le 3 février, encore une journée bien douloureuse! La brigade va, compagnie par compagnie, déposer les armes dans un poste caserne; tous ces beaux chassepots dont nous étions si fiers, vont passer à l'ennemi. Triste, triste corvée!

Cependant, nos chefs cherchaient, de toutes parts, un séjour moins dangereux pour la santé générale ; le gouvernement leur indique le dépôt des omnibus, c'est-à-dire d'immenses bâtiments ou plutôt de vastes fenils sans paille, sans vitres et sans cheminées. Le régiment s'empressa de revenir à ses casemates et à ses baraques de la porte de Vanves. C'était à regretter les anciens campements malgré leurs dangers.

Enfin ! il nous est donné de lire des lettres de nos familles. Après cinq mois de souffrances et d'exil, on se figure aisément l'émotion de chacun en parcourant ces lignes précieuses. Un sentiment de vague terreur traversait l'âme en ouvrant ces premières missives. Quelles nouvelles ! Hélas ! pour un trop grand nombre les appréhensions deviennent de tristes réalités.

Sur ces entrefaites, notre officier payeur va compter 555 francs au marchand de vin de Champigny, dont la cave nous fut si utile à Poulangis. Le brave homme resta stupéfait en face d'une somme si inattendue. Le pain blanc commence à se montrer ; un officier en apporte un jour au déjeûner ; c'est par petites tranches qu'il nous est distribué. Elles excitaient notre admiration plutôt que notre appétit, car jamais pain ne nous avait semblé plus délicat et plus blanc.

Le 10, tout le régiment apprend avec joie les distinctions dont il vient d'être honoré. Sont nommés : officier de la Légion d'honneur notre colonel, et chevaliers les commandants des 3e et 4e bataillons, l'adjudant-major du 2e et l'aumônier du 3e. Cet honneur fut une satisfaction pour tous. Quelques rares médailles militaires furent distribuées dans le régiment.

CHAPITRE XV.

Les Invalides.

Le 14 janvier, dans l'après-midi, nous quittons sans regrets notre triste quartier, pour aller sur l'esplanade des Invalides nous caser dans des baraques hautes, saines et bien établies. Sans armes, le régiment ressemblait à un défilé de prisonniers ; les badauds semblaient nous renvoyer une part de la honte générale, et cependant, partisans, pour la plupart, de la guerre à outrance, ils n'étaient jamais allé plus loin que les guinguettes des remparts. Chaque compagnie et chaque bataillon sont rangés par ordre et par numéro de baraque. Les rues tranquilles et opulentes de Lille, de Babylone, de Grenelle-Saint-Germain, sont désignées pour les logements des officiers.

Singulière sensation que celle que nous éprouvâmes en nous couchant dans un vrai lit, avec des draps, pour la première fois, depuis au moins quatre mois de planche ou de carreau. Pendant les premières nuits, l'habitude de dormir tout habillés nous rendit le sommeil difficile; mais bientôt nous pûmes goûter un vrai repos bien désiré et bien légitime.

La popotte des officiers du 4e bataillon est installée dans la baraque n° 406. La nourriture s'améliore sous l'influence du ravitaillement; on a des lettres des siens, chacun en reçoit à peu près sa part.

Le dimanche 12 février, messe à midi aux Invalides. Quel calme et quelle grandeur sous cette vaste coupole dont nous avions vu, si souvent, des avant-postes, le dôme brillant défier l'ennemi et le bombardement. Nous assistons au défilé de ces vieux soldats d'une époque où la France était invincible. A la vue de ces vieillards vaillants et mutilés, nous étions saisis de respect et d'admiration, mais aussi de tristesse, car nous songions au présent!

Nous apprenons que l'Assemblée législative se

réunit à Bordeaux pour décider de la paix ou de la continuation de la guerre.

L'appel est fait à midi devant les baraques, et matin et soir à l'intérieur. Le service est presque nul; cependant, chaque jour, nous conduisons des corvées de travailleurs au bois de Boulogne et à la porte de Passy. Hélas! c'est pour détruire les ouvrages importants élevés de ce côté au prix de tant de sacrifices.

Le 23, l'aumônier du 4e bataillon ainsi que notre excellent ami et volontaire de la 6e compagnie, le fusillier, comme nous l'appelons, s'embarquent à la gare de Bercy. L'émotion et l'envie se partagent nos cœurs en voyant ces chers et dignes compagnons s'éloigner de nous. Dire que dans quelques heures ils allaient se retrouver au milieu de toutes leurs affections. Notre bon aumônier allait prendre possession d'une modeste cure de l'arrondissement de Trévoux où tous les officiers du 4e bataillon prirent rendez-vous pour lè mardi de Pâques (11 avril), espérant bien que les événements le leur permettraient.

CHAPITRE XVI.

Le 24, au rapport du matin, nous recevons l'ordre de nous tenir prêts à changer de cantonnement. La division Faron, la seule appelée à l'honneur de conserver ses armes, vient nous relever aux Invalides.

Après avoir passé la Seine, le régiment va se cantonner dans les beaux quartiers de Paris : le 2e bataillon à la Bourse, le 3e bataillon dans les environs de la Madeleine, le 4e à la Chaussée-d'Antin. Là, du moins, tous sont logés chez l'habitant ; le bien-être revient peu à peu, la santé générale s'améliore, et beaucoup de nos malades viennent nous rejoindre. Le service est nul, sauf l'appel de chaque jour à midi, où se fait aussi la distribution, toujours avidement attendue, des lettres.

Le désœuvrement du moment contraste singulièrement avec l'activité dévorante des mois précédents, et précipite davantage le désir général de quitter Paris.

D'abord fort mal installée dans une gargotte de la rue Neuve-des-Mathurins, nous transportons le surlendemain notre popotte du 4e bataillon à l'hôtel du Nouvel Opéra. Là, au moins, nous pouvons recevoir quelques amis que cinq mois de dangers partagés rendent encore plus chers.

Le 26, nous apprenons que les Prussiens doivent occuper Passy, les Champs-Élysées jusqu'à une ligne de démarcation formée par la rue Royale, le boulevard Malhesherbes et les Ternes. Des groupes nombreux se forment sur les boulevards et chacun discute avec animation ; toute la nuit, la garde nationale fait battre le rappel. Mais l'armistice est prolongé de deux jours, et les Prussiens n'entreront que le 1er mars.

Pendant ces jours d'effervescence, nous assistâmes aux premiers pas de la Commune. Des gens de toutes sortes, sous prétexte de les dérober à l'ennemi, s'attèlent aux pièces de canon et aux mitrailleuses qu'ils traînent au pas de course dans les rues St-Honoré et de Rivoli. Ces fougueux patriotes poussent des cris de bêtes fauves ! Ce défilé révoltant dure plusieurs heures, et s'étend du parc Monceau à la Bastille. Hélas ! faute d'une autorité ferme pour prévenir ou arrêter cette indigne manœuvre, ces pièces devaient, quelques jours plus tard, mitrailler nos braves soldats.

Le 1er mars, la garde nationale fait battre le

rappel plus que jamais, elle est toute entière sur pied. Les Prussiens entrent dans l'espace indiqué sans désordre et sans incident fâcheux ; ils y restent pendant quelques heures, parqués comme des moutons, puis regagnent l'extérieur de Paris.

Plusieurs de nos compagnons obtiennent l'autorisation de partir ; l'heure du départ est donc proche pour tous. Le retour, dit-on devra s'effectuer par étapes ; nos chefs sollicitent instamment le transport par le chemin de fer. Leurs efforts sont couronnés de succès ; le 10, le 2e bataillon doit partir, notre tour va arriver.

Le 11, notre général de brigade d'André veut bien accepter un déjeuner d'adieu à la popotte. Ce brave officier laisse à tous d'excellents souvenirs. Avant notre départ, il nous adressait la lettre suivante :

MESSIEURS,

« En quittant le commandement de la brigade,
« je tiens à vous exprimer tous les sentiments d'es-
« time et d'affection que j'emporte de ces trois
« mois passés avec vous. Le commandement de
« votre brigade m'a fait honneur, vous avez mérité

« l'éloge partout où vous avez servi. Le général de « Beaufort, votre premier chef, n'a pas cessé de « vous suivre avec intérêt.

« Sur la rive gauche de la Marne, votre atti- « tude a été très-belle, et le général Trochu a bien « voulu dire que vous étiez sa meilleure brigade.

« A Vincennes, le général Ribourd se louait « beaucoup de vous, et enfin, votre dernier chef, « le général Corréard qui vous a vus à l'œuvre, « braves au feu, solides dans la tranchée, infa- « tigables au travail, à voulu vous exprimer lui- « même sa satisfaction par un ordre du jour.

« Tous ces éloges vous étaient dus; dans les « longues misères de ce rude hiver, malgré le « froid, la nourriture insuffisante et un travail « excessif, le moral de vos vaillants bataillons « réduits d'un tiers s'est constamment soutenu.

« Vous devez être fiers de ces souffrances, et « vous rentrerez chez vous avec la satisfaction de « penser que dans les combats du Tremblay, de « Palissy et de Clamart, dans les tranchées de Mai- « sons-Alfort, Villejuif, Cachan, Vanves et les « Moulineaux, dans les forts de Nogent, Mon- « trouge, Vanves et Issy, vous avez aidé à l'hon- « neur du drapeau.

« Il ne me convient guère de parler de moi,

« je tiens cependant à ce que vous me rendiez « la justice que je n'ai jamais exposé un homme » inutilement, et que j'ai allégé, autant qu'il « était possible, la lourde part qui vous a été faite « dans les travaux du siége.

« Il n'a pas dépendu de moi de vous faire don- « ner une plus large part aux récompenses ; cel- « les que vous avez reçues ne sont rien en ba- « lance des services rendus ; des corps aussi mé- « ritants que les vôtres sont impossibles à récom- « penser. Nous étions si limités qu'il a fallu « même oublier beaucoup de ceux qui ont payé « de leur sang ; croyez bien que c'est un cha- « grin pour moi de voir un aussi grand nombre de « vous partir sans emporter un ruban si bien « gagné.

« Mais, comme votre général en chef vous l'a « si bien dit, il y a une récompense intime que « vous emporterez tous, le sentiment du devoir « accompli.

« Pour vous, messieurs, il y a plus encore ; « les services que vous avez rendus s'étendent « jusque dans l'avenir, vous vous êtes fait con- « naître au pays, et vous avez créé, consacré l'ins- « titution de la mobile, l'avenir de la France. « Nous jetons un regard moins triste sur ce dou-

« loureux moment, en voyant quel parti, avec « des moyens insuffisants, trop rapides, vous « avez tiré de ces vaillantes populations que « vous ayez su animer de votre patriotisme.

« Chers compagnons, je ne vous dis pas adieu! « mais au revoir; nous avons perdu la première « partie, tous probablement nous jouerons la « seconde.

« Vive la mobile et Dieu aide la France !

Le capitaine de frégate commandant la brigade,

d'ANDRÉ.

Vaugirard, le 16 février 1871.

Enfin, nous apprenons que le 12 est le jour du départ ! Grande joie au bataillon, tous font leurs préparatifs avec empressement et quittent, sans regrets, cette Babylone où ils ont tant souffert.

Une mention d'éloges bien mérités pour l'officier payeur du 4e bataillon, qui arrive à pouvoir payer aux officiers et aux soldats, la solde jusqu'au 13 inclusivement, et dix jours de supplément alloués pour indemnité de licenciement.

Du reste, le zèle et l'intelligence de ce précieux officier permirent, pendant toute la cam-campagne, de servir la solde très-régulièrement.

Le 12 mars, dernier déjeûner à la popotte ! Oui, après sept mois de dangers, de fatigues et de soucis communs, sept mois de parfaite intimité pendant lesquels on était sûr de rencontrer, à ce ralliement, des visages et des cœurs constamment sympathiques, il nous était difficile de nous défendre d'une certaine émotion, lorsque nous nous vîmes réunis, sous l'uniforme militaire, à la table commune, probablement pour la dernière fois.

L'appel est fait à midi, et l'ordre est donné d'être prêts à 6 heures.

Le 4e bataillon part du boulevard Haussmann, suit les grands boulevards entre deux haies de curieux fort aises, pensons-nous, de le voir partir, et arrive à la gare.

Nous avions le regret de laisser derrière nous deux de nos officiers les plus estimés et les plus aimés, chargés de ramener, quelques jours plus tard, les derniers restes du malheureux Alphonse de Surigny. Quelques malades durent également prolonger leur séjour jusqu'à plus complet rétablissement.

A 9 heures du soir, le 4e bataillon est enfin

installé en vagons ; la joie nous avait accompagnés à notre départ pour Paris, inutile de dire ce qu'elle fut au retour.

CHAPITRE XVII.

Retour à Trévoux.

Nous passâmes par Gien, Nevers et Chagny, car la ligne principale n'était pas encore entièrement rétablie, et après trente heures d'un voyage très-pénible, nous arrivâmes enfin à la gare de Trévoux, le 14 mars à 4 heures du matin.

L'incertitude du jour de notre départ ne nous avait pas permis de prévenir exactement nos familles ; personne ne nous attendait. Ceux qui entrèrent les premiers à Trévoux se heurtèrent à des francs-tireurs assez impolis pour les menacer du corps de garde, s'ils continuaient à frapper aux portes. Quelle charmante réception pour des gens qui rentrent chez eux moulus de fatigue et avides d'embrasser leurs parents après sept mois d'absence. Les hôteliers ne nous reconnaissant pas, ne veulent pas nous recevoir ; il faut parlementer très-longuement pour obtenir un maigre bouillon. Cependant il faut leur rendre cette justice, qu'une fois éveillés, ils s'étudièrent à nous faire oublier la première impression.

Au jour, chacun s'envola vers le coin de terre sacrée où résidait la famille ; le régiment et le bataillon à cette heure furent licenciés de fait.

ÉPILOGUE

Je ne suis pas écrivain, on l'a vu dès les premières lignes de ce court récit, et je demande l'indulgence pour les nombreuses fautes dont il est émaillé.

Je n'ai pas eu la prétention de faire un livre, mais j'ai tenu, avant tout, à relater le plus fidèlement possible, l'existence et les travaux du régiment, du 4e bataillon surtout, pendant cette douloureuse campagne.

Fidèle au système que je me suis imposé, j'ai passé sous silence des éloges bien mérités qu'il m'eût été doux d'adresser individuellement à plusieurs de mes chers camarades, aussi modestes qu'admirables. Qu'ils me pardonnent de n'avoir retracé que l'ensemble.

Plus d'une fois, j'ai pris la résolution de renoncer à ce travail, n'ayant que de trop courts instants à y consacrer, et plein d'appréhensions pour mon inexpérience littéraire. J'avoue, cependant, qu'une des raisons majeures qui m'ont poussé à l'achever, c'est l'amertume dont j'ai été abreuvé en maintes circonstances, ainsi que la plupart de nous, par les opinions de gens sérieux dont le jugement a ordinairement de la valeur.

On confond notre régiment avec toute l'institution générale de la garde nationale mobile.

On a vu, malheureusement, ici et ailleurs, des bataillons si déplorablement organisés et d'un esprit si mauvais, qu'on est mal venu de soutenir que le 40e était une exception et avait justement cela de remarquable, qu'il était administré d'une façon tout à fait exceptionnelle et composé de gens bien pensants et dévoués. De là, son union et sa force.

Le général d'André, dans sa flatteuse lettre d'adieu à la brigade, exagère certainement notre mérite et notre valeur ; mais en modérant légèrement l'encens de son épître, elle est l'expression de la justice qui nous est due.

Le sang a bouillonné souvent dans mes veines, lorsque j'ai entendu des gens dire que nous avions été bien heureux d'avoir été envoyés à Paris ; que les Parisiens eux-mêmes prétendaient que nous n'avions pas souffert le moins du monde, ni du froid ni de la nourriture, et nous jeter à la face le reproche de n'avoir jamais couru de dangers sérieux. Que répondre? chercher à ramener l'opinion de ces gens à la vérité, ce serait peine perdue. A leurs questions, répondez par les faits dans toute leur simplicité et leur exactitude, ils souriront, et vous pourrez être convaincus qu'ils n'ont pas même cru le premier mot.

Et ces gens-là, pour la plupart, ont passé ces sept terribles mois de souffrance à suivre, dans les journaux, les péripéties de la lutte, assis dans un bon fauteuil, sans risquer un cheveu de leur tête ni un écu de leur bourse, tandis que nous grelottions dans nos tranchées et sur le carreau, pour affronter la mort, et protéger leur foyer et leurs intérêts.

Quelques-uns ont eu même la plaisante amabilité de nous appeler chançards.

Notre rôle, dans cette guerre, n'a pas été très-glorieux, sans doute, n'ayant pris part à aucune des grandes batailles qui se sont livrées sous Paris; mais la faute en est-elle à nous?

Partout où l'on a conduit le 40e, il a toujours fait son devoir et a mérité les éloges des chefs supérieurs; et quant au service des avant-postes, aux travaux de défense et des forts, j'affirme que nul régiment dans Paris n'a fourni sa part plus que le nôtre.

Je demande pardon à ceux qui liront ces lignes, de l'amertume que j'ai laissé découler dans ces dernières pages ; ce n'est certes pas pour moi que je proteste, mais au nom de tout le régiment.

Salut au 40e mobile !

Imp. JEVAIN & BOURGEON, rue Mercière, 92, Lyon.